Rock and Roll é o nosso trabalho
A Legião Urbana
do underground ao mainstream

CB003750

Rock and Roll é o nosso trabalho
A Legião Urbana
do underground ao mainstream

ÉRICA RIBEIRO MAGI

Copyright © 2013 Érica Ribeiro Magi

Grafia atualizada segundo o Acordo Ortográfico da Língua Portuguesa de 1990, que entrou em vigor no Brasil em 2009.

Publishers: Joana Monteleone/Haroldo Ceravolo Sereza/Roberto Cosso
Edição: Joana Monteleone
Editor assistente: Vitor Rodrigo Donofrio Arruda
Projeto gráfico, capa e diagramação: Vitor Rodrigo Donofrio Arruda
Revisão: Samuel Vidilli
Assistente de produção: Lígia Gurgel do Nascimento
Letra da capa: "O teatro dos vampiros", de Dado Villa-Lobos, Renato Russo e Marcelo Bonfá, do disco V.

Este livro foi publicado com o apoio da Fapesp

CIP–BRASIL. CATALOGAÇÃO–NA–FONTE
SINDICATO NACIONAL DOS EDITORES DE LIVROS, RJ

M174r

Magi, Érica Ribeiro
ROCK AND ROLL É O NOSSO TRABALHO: A LEGIÃO URBANA DO UNDERGROUND
AO MAINSTREAM
Érica Ribeiro Magi.
São Paulo: Alameda, 2013.
232 p.

Inclui bibliografia
ISBN 978-85-7939-196-5

1. Rock – Brasil – História. 2. Música e história – Brasil. I. Título.

13-0946.   CDD: 782.420981
              CDU: 78.067.26(81)

                              042765

Alameda Casa Editora
Rua Conselheiro Ramalho, 694 – Bela Vista
CEP 01325-000 – São Paulo, SP
Tel. (11) 3012-2400
www.alamedaeditorial.com.br

À minha família

Os especialistas em música podem entender muito de música e pouco de seres humanos, e fabricam então uma marionete de um artista autônomo, um "gênio" que se desenvolve imanentemente. Mas, fazendo isto, eles meramente contribuem para uma falsa compreensão da própria música.
(Norbert Elias, 1995, p.121)

Music makes the people come together
("Music", Madonna)

Sumário

Prefácio	11
Introdução	23
Pesquisar rock deve ser muito legal, não é?	25
Roqueiro brasileiro sempre teve cara de bandido	36
Rock and roll é a minha vida, o meu trabalho	49
Anos 1980: Imprensa e efervescência cultural	59
Novos atores na indústria cultural brasileira	61
London Calling	63
Brasília e a Música Urbana	81
A influência punk	83
Trajetórias cruzadas	86
Música e sociabilidade	98
A saída para o eixo Rio – São Paulo	111
A Legião Urbana no circuito underground paulistano: os jornalistas e suas bandas independentes	118
O Pop Nativo: os darks e a new wave	123
A Legião Urbana e os "ex-alternativos" do Rio de Janeiro	139

A imprensa especializada 147

Eu recomendo o que vocês ouvem: jornalistas especializados 153
em pop e rock no Brasil

A ascensão do público roqueiro: 155
o Rock in Rio I e a revista *Bizz*

Discos na parede 163

Uma "causa verdadeira" para produzir 165

O trabalho do produtor musical 175

Consolidação e autonomização do 183
campo do rock no Brasil

O "crítico" Renato Russo 185

A rotina de trabalho na indústria cultural 194

Avaliação da produção de rock 199

Banca de jornal, referências culturais urbanas e 206
novas formas de linguagem e de sociabilidade

Referências bibliográficas 213

PREFÁCIO

O Rock e a vida nos grandes centros urbanos

gosto ... na minha bo...
amargo, então, s...
ssim que o teu chei...
Fez casa nos meus braço...
E ainda leve, forte, cego e
Fez saber
Que ainda era muito e muito

Faço nosso o meu segredo mais
E desafio o instinto dissonante
insegurança não me ataca quand...
eu momento passa a ser o meu ...
do de ter medo de ter medo
inha força confusão
u espelho e em ti naveg...
orrenteza não te...
erro d

Embora a indústria cultural seja um tema já "clássico" dentro da sociologia, o interesse que ele desperta, quando comparado com outros temas também "clássicos", na área, ainda é pequeno. Na maior parte das vezes, quando ele surge, está ligado a outros considerados mais importantes, como a política e o Estado, por exemplo. A explicação para esse interesse secundário pela indústria cultural é bastante simples. Ele se deve a uma série de imagens e concepções que se consolidaram a seu respeito, algumas delas ligadas à cultura e à arte, outras ligadas a questões ideológicas e de poder, porém quase sempre tomando-o muito mais como um objeto de preocupação do que de interesse científico.

Esse quadro vem se modificando nos últimos anos, mas algumas dessas imagens e concepções tornaram-se praticamente "lugares-comuns sociológicos" quando o assunto é indústria cultural. Ainda persiste, por exemplo, embora seja cada vez mais questionada, a concepção de que há uma produção de elite e outra popular com fronteiras claramente delimitáveis, de que falar, seja sobre a arte, seja sobre a cultura, signifique situá-las – e ali mantê-las – num desses dois polos. Nesse sentido, a indústria cultural tende a ser situada do lado do "popular", sendo que alguns pesquisadores chegam a afirmar categoricamente que a indústria cultural e o popular são a mesma coisa.

E persiste também a ideia de que a indústria cultural é o lugar do mau gosto, da alienação, da manipulação e da propaganda ideológica, da imitação, do popularesco (termo mais pejorativo que "popular", embora utilizados muitas vezes como sinônimos), de valores puramente comerciais, ou seja, de que não há nada que precise ser dito, já sabemos sobre a indústria cultural tudo que precisaríamos saber. Apesar disso, é inacreditável o número de trabalhos que continuam surgindo para falar "o que todos sabemos" sobre a indústria cultural, como se a urgência maior da reprodução desse discurso fosse impedir "que todos esqueçamos" que é isso que se deve pensar a seu respeito, e que qualquer coisa diferente disso deve ser vista como uma espécie de "profanação".

O trabalho de Érica Ribeiro Magi não se situa dentro de nenhuma dessas perspectivas. Não há nele os "lugares-comuns sociológicos" que se espera encontrar e que, de certa forma, são os responsáveis pelo pouco interesse que o tema, quando comparado a outros, tem despertado. Ao invés disso, o que encontramos é, antes de mais nada, uma análise da produção musical recente, e com isso da própria indústria cultural, focada na articulação entre os diversos agentes culturais envolvidos em sua produção: músicos, evidentemente, mas também jornalistas especializados e produtores da indústria fonográfica. E focada também nas transformações por que passou essa articulação ao longo do processo de consolidação de um campo específico da produção musical, o rock nacional, com a linguagem, os critérios de avaliação e as formas de expressão que se lhes tornaram próprios.

A LEGIÃO URBANA DO UNDERGROUND AO MAINSTREAM

Há outro detalhe cuja importância não pode ser desprezada no contexto geral desse processo de consolidação: as articulações entre os agentes sociais tratados por Érica, durante a escalada da banda Legião Urbana em direção ao sucesso e ao reconhecimento nacionais, não podem mais ser percebidos da mesma maneira nos dias de hoje. Seu trabalho demonstra isso claramente. Consolidaram-se formas de fazer, de criticar e de divulgar o rock que hoje independem de quaisquer articulações e relações de amizade entre esses agentes, relações estas que foram fundamentais para a consolidação desse campo. Tornaram-se "profissões" independentes umas das outras, ainda que todas elas articuladas sobre um mesmo tema, o rock. Passaram a ter suas próprias linguagens, credenciais, critérios de avaliação e, algumas delas, até formações ou diplomas específicos.

A consolidação dessas atividades e formas de expressão enquanto "profissões" coloca em xeque e demonstra o desgaste das análises a respeito da indústria cultural que se atém unicamente à tensão entre cultura de elite e cultura popular. Não que essa tensão tenha deixado de existir. O trabalho já clássico de Sergio Miceli, *A noite da madrinha* (São Paulo, Editora Perspectiva, 1972), bem demonstra isso. Trata-se de um livro que não perdeu sua atualidade, e não perderá, justamente porque explora, de uma maneira como nenhum outro trabalho conseguiu explorar, a tensão entre as formas consagradas e as menos valorizadas da produção artística e cultural. E mostra não apenas como essa tensão foi capaz de imprimir contornos específicos a um produto da indústria cultural, o programa de televisão de Hebe Camargo, mas também que a própria indústria cultural representa uma forma de tensionar essas diferentes "culturas".

ÉRICA RIBEIRO MAGI

A citação do livro de Sergio Miceli pode parecer, a primeira vista, desmedida, já que se trata de uma pesquisa sobre a televisão. Mas foi este o trabalho que lançou as bases para uma série de pesquisas – na sociologia da cultura – que vieram depois e que têm a indústria cultural como tema. Ou seja, ele manteve sua atualidade, principalmente, em termos de método. Mas não é apenas em função de seus méritos que ele está sendo citado. *A noite da madrinha* ilustra de forma exemplar a importância que a televisão teve para que se pudesse pensar a indústria cultural no Brasil. A dimensão e a importância crescentes do veículo, assim como sua vinculação direta com o projeto de integração nacional empreendido pelo Regime Militar, fez com que a televisão se tornasse o paradigma mesmo da indústria cultural brasileira. Isso tanto direcionou a atenção para as questões políticas e ideológicas dessa indústria quanto implicou uma relativa negligência em relação a tantos outros aspectos a ela ligados.

Portanto, se, por um lado, ainda podemos observar aquela tensão que Sergio Miceli aponta em cada produto artístico e cultural isoladamente, por outro, ela pouco pode explicar a reordenação e a redefinição por que passa o conjunto da produção cultural na sua atual articulação em torno de "profissões" e "diplomas", contexto em que vivemos hoje. Ou seja, o problema da forma que assume esses produtos deixa de ser, gradativamente ao longo dos anos, única e exclusivamente um produto da tensão entre o alto e o baixo, entre o erudito e o popular, ainda que ela esteja presente e possa ser observada. Outras tensões se fizeram presentes e é imprescindível, assim como Érica fez, compreender o quanto elas também foram fundamentais na definição dos contornos da produção recente da indústria cultural, e da produção musical mais especificamente.

Uma dessas tensões está claramente manifesta no título de seu livro: um gênero musical expresso na forma de um "trabalho". Trata-se de uma mudança significativa de postura em relação à produção artística e cultural anterior. Não que antes disso os músicos não fossem "trabalhadores", "profissionais". Evidentemente eram. Contudo, a ênfase expressa na linguagem traduz uma mudança que, para ser melhor compreendida, precisa ser analisada em termos estruturais. Por um lado, ela se inscreve na reordenação por que passou – e continua passando – a própria produção artística e cultural resultante do impacto causado pelo crescimento da indústria cultural e pelas novas formas de tensão entre a elite e o popular implicadas nesse processo. Por outro, inscreve-se numa rearticulação que envolve tanto o mercado de trabalho quanto o sistema de ensino, produzindo novas profissões, assim como novos diplomas e competências, cada uma delas com sua própria linguagem e com critérios de avaliação que lhes são específicos. As cobranças que recaem sobre essas novas profissões e competências recaem também, de forma muito semelhante, sobre os gêneros musicais, assim como sobre as demais manifestações artísticas e culturais.

Os efeitos disso são evidentes. Ficam cada vez mais inibidas as inovações que estiverem deslocadas demais das convenções que cercam e conformam as profissões, os gêneros musicais e as demais manifestações artísticas e culturais. Evidentemente, no campo da música, os profissionais que cobram com maior força e ênfase a correspondência a essas convenções são os produtores musicais. O termo mais utilizado para justificar essa cobrança é "fórmula". Ou seja, aplicar uma "fórmula", seja na indústria fonográfica, seja na televisão, significa "não correr riscos", "não inovar", repetir aquilo que já está consolidado. Mas também os críticos especializados cobram. Contudo, não no sentido de esperar a correspondência a "fórmulas", mas sim de esperar a correspondência a uma certa linguagem, a certas formas de expressão.

Essas cobranças são tanto maiores quanto mais essas "profissões" se distanciam umas das outras, tendo cada uma delas seus próprios critérios de avaliação e, mais recentemente, seus próprios diplomas. Impõe-se uma distância entre a experimentação e a ruptura que marcam a gênese de um campo, como o do rock, e as convenções que passam a marcar, posteriormente, sua continuidade. Parte da inibição gerada pela cobrança de correspondência aos modelos e modos de expressão que passam a marcar esse campo se traduz no número crescente de regravações e reinterpretações das canções consideradas "clássicas" de um gênero. Evidentemente, as bandas menos criativas, com menores possibilidades de impor uma inovação, são justamente as mais prontamente manipuláveis pelas pressões e cobranças, seja dos produtores musicais, seja da crítica especializada.

Mas esses não são os únicos efeitos que podem ser observados. Há outros, talvez menos evidentes, e um deles mereceu atenção especial de Érica: a mudança de estatuto, na trajetória de Renato Russo, de sua opinião. Quando a banda passa a ocupar uma posição de destaque e referência, quando o rock nacional já está plenamente consolidado em termos de linguagem e critérios de avaliação, a "opinião" de Renato Russo passa a ser dirigida a outras bandas e a ser considerada uma forma de "crítica musical". A mudança de estatuto, de "opinião" para "crítica musical", evidencia não apenas a mudança – gradual – de *status* da banda, mas também a consolidação de certos modelos, parâmetros e de uma linguagem para expressar o rock nacional. Assim como evidencia a consequente transformação dessas bandas, suas músicas e seus intérpretes em ídolos que nunca podem deixar de ser reverenciados. Observa-se, com isso, uma transformação significativa de estatuto dessas opiniões, desses depoimentos: eles deixam de ser vistos como simples documentos, meros registros individuais, e passam a ser tomados como monumentos. Evidentemente todo documento deve ser considerado um monumento (Jacques Le Goff, *História e Memória*, Campinas, Editora da Unicamp, 2003). Contudo, é de especial interesse para a sociologia da cultura o processo capaz de fazer com que certos documentos, e apenas eles, passem a ser considerados monumentos. E Érica soube tratar o assunto na medida certa. Sem se deixar levar pela imagem que se consolidou a respeito da banda e do rock nacional – que implica muitas vezes uma leitura desfigurada do passado, tentando ajustá-lo às convenções do presente –, ela soube mostrar as condições que tornaram possível a origem e a consolidação dessa imagem.

Isso, por si só, já justificaria a leitura do livro. Mas a análise que a autora faz da banda não se prende tão somente a esses aspectos estruturais da indústria cultural no Brasil. De maneira extremamente sensível, mas com o rigor que se espera de uma boa análise sociológica, Érica mostra como as escolhas estético-musicais desses jovens não podem ser compreendidas sem que se leve em conta o fato de que a vida em Brasília, ao menos para esses jovens, tinha como principal marca o seu "desenraizamento social". Tendo já vivido em outras cidades, alguns no exterior, passaram a viver em uma cidade com a qual não tinham raízes. Em grande medida, a sociabilidade que marca esses jovens passava pelo conhecimento da língua inglesa e pelo que acontecia fora do Brasil em termos musicais. Era isso o que os unia.

ÉRICA RIBEIRO MAGI

Essa cidade planejada para os desterrados viverem coloca pessoas tão diferentes lado a lado em um mesmo grupo, e é isso que confere sentido e estrutura uma música como "Eduardo e Mônica", como bem nos explica Érica. São encontros que trazem consigo as marcas dos desencontros que a cidade promove: de idades, de interesses, de espaços e de trajetórias de vida. É no meio de tantos desencontros que se torna possível a união desses jovens, não apagando as diferenças entre eles, mas delas se alimentando.

O rock que tanto significa e fala a esses jovens é parte integrante e indissociável da experiência de "desenraizamento cultural" vivida naquele contexto. Nesse caso, diferente do "desenraizamento social" que marca a cidade, não se trata de "ausência de raízes". Eles fazem sucesso cantando em português, seja suas experiências de vida em Brasília, seja suas críticas a um poder arbitrário e autoritário que a cidade materializa. O "desenraizamento cultural" da música feita por eles deve ser lido dentro de outra chave: ser um "roqueiro de profissão" significava, no contexto de surgimento e de consolidação da banda Legião Urbana, romper a barreira da "marginalidade" imposta – a tantas outras formas de expressão – pela ideia imperante do "nacional-popular". Esses burgueses filhos da Revolução, sem religião e que se auto-intitulam de Geração Coca-Cola não representam a ausência de um futuro para o país. A ironia da música, como Érica nos mostra, foi a forma encontrada de questionar essa imagem de ausência de laços políticos e culturais, a qual estavam relegados, imposta pelo "nacional-popular", e de mostrar também o quanto as portas, do presente e do futuro, pareciam fechadas para eles, como jovens e como músicos.

Essa experiência foi partilhada também por jovens jornalistas que, tentando romper o discurso imperante do "nacional-popular", foram igualmente tachados de "burgueses", "elitistas" e "alienados". A barreira da "marginalidade" imposta pelo "nacional-popular" não atingia, portanto, apenas os músicos, e isso foi fundamental para fortalecer os laços de amizade que uniriam a banda e os jornalistas especializados do período, também eles inseridos nesse campo, o do rock nacional, em processo de consolidação. Essa sociabilidade foi fundamental para que se constituísse e se firmasse, em torno do rock, uma linguagem específica, partilhada tanto pelos músicos quanto pela nascente crítica especializada. Ainda mais porque, nesse período, o jornalismo assume importância cultural considerável, notadamente em São Paulo e no Rio de Janeiro.

Assim como ela soube explorar a vida desses músicos em Brasília, soube também explorar suas vidas em São Paulo e no Rio de Janeiro, onde os laços de amizade com os jornalistas foram estabelecidos e consolidados. Suas ligações com o rock produzido em São Paulo ganham expressão não apenas nas letras das músicas, mas também nas capas dos álbuns que lançam: o preto e branco da grande metrópole em oposição ao colorido e bronzeado rock feito no Rio de Janeiro. Há aqui outro detalhe importante e que Érica soube igualmente explorar na medida certa. O deslocamento desses músicos de Brasília para São Paulo e depois para o Rio de Janeiro imprime mudanças significativas nos temas e suas formas de abordagens pelas músicas, em particular as letras. As marcas da vida em Brasília vão sendo gradativamente apagadas e substituídas por registros mais "universais", facilitando a aceitação da banda dentro do eixo Rio – São Paulo. Eis aqui outra questão-chave para a sociologia da cultura: a oposição entre o local e o universal. Ou, no caso do Brasil, entre o local e o nacional. Trata-se, evidentemente, de uma oposição hierárquica, em que o excesso de apego ao local pode ser entendido como prova de atraso ou ignorância. No Brasil essa oposição se traduz numa concentração da produção artística e cultural no eixo Rio – São Paulo (onde estão as grandes gravadoras, casas de shows, emissoras de televisão, a maior parte das grandes editoras etc) e numa consequente periferização das demais produções. O deslocamento em direção a esse eixo e sua aceitação ali têm, portanto, um significado não apenas geográfico, mas, principalmente, hierárquico. Significa deixar de lado – ou para trás – o caráter "local" da criação para alcançar o reconhecimento e a consagração "nacionais".

Nenhuma dessas análises, e das conclusões que as acompanham, teria sido possível se Érica não tivesse a ousadia necessária para sair do conforto dos tantos "lugares-comuns sociológicos" que marcam o tom geral do discurso sobre a indústria cultural. Por aí já se pode ter uma ideia dos méritos deste livro e da sua importância para a construção de um conhecimento mais aprofundado a respeito da indústria cultural, de suas formas de produção, de expressão e de seus públicos.

Alexandre Bergamo

Introdução

É só o amor! É só o amor

Que conhece o que é verda

O amor é bom, não quer o m

Não sente inveja ou se envai

amor é o fogo que arde sem s

erida que dói e não se sente

contentamento descontente

que desatina sem doer

e eu falasse

os homens

ngua dos anjos

nada seri

Pesquisar rock deve ser muito legal, não é?

Pensando em uma alternativa para não começar esta página pela salvadora e habitual frase: "o presente livro tem como objetivo analisar...", começo contando um pouco da minha experiência na universidade querendo estudar a banda Legião Urbana, constituída em meio à efervescência do movimento punk em Brasília por Renato Russo, Dado Villa-Lobos e Marcelo Bonfá, entre 1982 e 1983. Sem querer jogar no lixo os princípios metodológicos (objeto, objetivos, justificativa, metodologia e materiais de análise) que garantem o rigor científico do trabalho acadêmico. Muitas vezes o que é "regra" torna o cotidiano previsível demais. E corre-se o risco de nos esquecermos que as experiências daquele ou daquela que pretende ser pesquisador (a) junto a determinados professores e colegas, ouvindo suas duras e simpáticas críticas ajudam na compreensão do que é o seu objeto de análise, o que contribui decisivamente na formação do (a) futuro (a) pesquisador (a).

Desde a minha graduação em Ciências Sociais venho pensando em possibilidades interessantes e sedutoras que justificassem um estudo histórico-sociológico sobre o rock brasileiro produzido na década de 1980. É claro que eu estava tentando convencer as

ÉRICA RIBEIRO MAGI

pessoas da academia que pesquisar rock e música pop – produtos culturais que recebem investimentos financeiros e simbólicos maciços da indústria cultural no ocidente e que têm um público consumidor de discos, shows, roupas, revistas e blogs especializados e de cadernos culturais – não era uma coisa apenas "divertida" e "legal", ou seja, menos complexa e séria. Embora, confesso, eu mesma acreditasse que seria muito divertido, quase um lazer frente às difíceis leituras dos clássicos das Ciências Sociais.

O que seria lazer transformou-se em pouco tempo numa rotina de trabalho intensa e muito difícil, mas desafiante. A quantidade de fontes (jornais, revistas, programas de TV e de rádio) disponíveis para a pesquisa é enorme e de fácil acesso. A dificuldade residiu em como analisar tanto material. Uma seleção de fontes e de personagens envolvidos na trajetória da Legião Urbana foi feita para que a pesquisa fosse realizável dentro do prazo – mais adiante detalharei essa seleção. Muitos dados ainda permanecem esperando por uma análise mais aprofundada da produção musical dos anos 1980. Fica a dica para quem quiser se aventurar pela história do rock nacional.

Outra dificuldade encontrada, e que nada tem a ver com abundância e riqueza de materiais empíricos, está no fato de que o tema "rock brasileiro" nunca foi e não é prestigiado em relação a outras manifestações da música brasileira, como Bossa Nova, o samba dos anos de 1930-40 e a MPB (Música Popular Brasileira) dos anos de 1960, no campo das Ciências Sociais, sobretudo, entre os estudos da Sociologia da Cultura. Sob a hipótese de que esse desprestígio do objeto tenha acarretado uma bibliografia ínfima, cabe, sobretudo, a nós interessados em música pop e rock a questão: Por que essa falta de interesse sociológico pelo tema, diga-se de passagem, no Brasil? Quais fatores ideológicos e políticos contribuíram para esse quadro?

Sim, exatamente, esse quadro é um "problema nacional". Por trás do desprestígio existe uma explicação histórico-sociológica acerca da produção de conhecimento sobre a cultura brasileira. Nos Estados Unidos e no Reino Unido pesquisar a trajetória social e a produção musical dos Beatles,[1] do Pink Floyd, do Led Zeppelin, do Michael Jackson, dos Rolling Stones etc., é uma prática corriqueira. A lista de publicações acadêmicas que tratam da história do rock internacional e do pop é extensa, mas o número de livros traduzidos no Brasil é irrisório.[2] Por acaso, passeando pela biblioteca do Instituto de Filosofia e Ciências Humanas da Unicamp, descobri um desses títulos: *Rockin' las Américas* (2004). Ele integra uma coleção de estudos sobre o continente americano, chamada *Cultural Formations of the Americas* (Formações Culturais das Américas) publicada pela Universidade de Pittsburgh (EUA). E, para o meu espanto, vi que os artigos versavam sobre determinados aspectos da história do rock no México, no Uruguai, no Chile, na Colômbia, na Argentina, em Porto Rico, Cuba e, por fim, no Brasil. Debatemos e pesquisamos pouco sobre o rock brasileiro de qualquer década. Imagine ler sobre como os nossos vizinhos produzem e vivenciam o rock, se nem ao menos se ouve nas rádios brasileiras rock argentino, mexicano ou chileno? Pois bem, ao abrir no artigo sobre o rock brasileiro, escrito pela musicóloga Martha Tupinambá de Ulhôa, o meu espanto só aumentou. Sob o título "Let my sing my Brock

---

[1] Inclusive existe um curso de mestrado concentrado nos Beatles na universidade de Liverpool, na Inglaterra.

[2] Destaco o livro *Rock and Roll: uma história social* (2003), do historiador norte americano Paul Friedlander, publicado no Brasil pela editora Record.

– Learning to Listen to Brazilian Rock" ("Deixe-me cantar o meu Brock – Aprendendo a ouvir o Rock Brasileiro") a autora analisa a letra e a música de "Faroeste caboclo", canção da Legião Urbana, lançada no disco *Que país é este 1978/1987*, em 1987. Foi espantoso encontrar um artigo sobre a Legião Urbana, escrito por uma respeitada pesquisadora brasileira e publicado em um livro editado nos Estados Unidos, que, por enquanto, repito, ainda não foi lançado no Brasil. Outro dado importante e instigante é a sua metodologia, Martha analisa letra e música em conjunto, mostrando o quanto uma pode complementar ou contradizer a outra. Essa articulação entre letra e música na análise é o que defende também Marcos Napolitano (2005), para que a produção acadêmica brasileira sobre música popular se integre ao debate internacional – a exemplo do artigo de Martha Tupinambá.

Os primeiros trabalhos defendidos na Sociologia brasileira sobre o rock brasileiro dos anos 1980 surgiram no início da década de 1990. Embora tenham méritos por terem enfrentado um objeto novo na época, uma vez que, estavam diante de uma completa ausência de estudos acadêmicos sobre rock e música do Brasil, essas pesquisas, em geral, focaram as letras das canções, tornando-as a principal fonte da pesquisa, como se elas pudessem expressar todos os conflitos políticos e lutas vividos pelos jovens e pelo Brasil nos anos 1980, recém-saído da ditadura militar e vivendo uma grave crise econômica.

Com quais objetivos os autores interpretaram as letras do rock brasileiro dos anos 1980?

A preocupação residiu em decodificar o tipo de crítica social e política presente na produção das bandas. É o que observamos na dissertação de Luis Antonio Groppo (1996):

A LEGIÃO URBANA DO UNDERGROUND AO MAINSTREAM

> Como inúmeras vezes já se comentou, o rock nacional nunca primou pela criatividade ou artisticidade, principalmente em comparação com o rock anglo-americano [...]. Mais importante ainda, porém, foi o fato deste rock [dos anos 1980] não ter sido fonte ou fundo musical de movimento algum político-cultural de juventude de grande-porte. A maior parte dos músicos e públicos do rock nacional, nem mesmo simbolicamente, apresentaram qualquer indício de articularem-se como um "movimento", conservando-se totalmente pulverizados e individualizados. [...] Nas suas dimensões estética e política, o rock nacional é desprezível. (GROPPO, 1996, p. 276-277, grifo do autor).

> [...]

> O rock nacional não foi um "retrocesso" estético, nem social ou cultural, até pelo contrário, pois representou um momento em que um mercado de consumo juvenil instituiu-se definitivamente no Brasil. Mas, como pelo menos 20 anos de atraso em relação aos Estados Unidos. [...] Se no desenvolvimento material do mercado juvenil houve um atraso, o mesmo não se observou em relação aos valores – a instituição do mercado de consumo juvenil viu-se acompanhada dos mais recentes valores e ideologias de consumo propagados pela indústria fonográfica. (p. 278)

Em um parágrafo, Groppo desqualifica o rock nacional dos anos 1980 exatamente por que ele não foi crítico e não conseguiu mobilizar a juventude em um movimento social – retomando a tese bastante discutida na década de 1960, a de que os jovens têm a missão de realizar a revolução social porque eles seriam "naturalmente" preenchidos pelo sentimento de inconformismo frente aos problemas sociais.[3] Noutro, o autor volta atrás: o mesmo rock não

---

3 Helena Abramo (1994) analisa historicamente os modos como a juventude urbana foi pensada ao longo do século XX no Brasil, e considera que

é mais desprezível porque consolidou, finalmente, um mercado de consumo juvenil no Brasil com "vinte anos de atraso" em relação aos Estados Unidos. Conclui-se, portanto, que o rock brasileiro dos anos 1980 não foi politizado e não organizou os jovens em movimentos sociais devido à sua apropriação pela indústria cultural.

Ora, pode-se ver esse "atraso" por outro ângulo analítico: se o Brasil "demorou demais" para consolidar um campo do rock, é preciso procurar compreender os motivos e as especificidades sócio-históricas do desenvolvimento da indústria cultural em nosso país.

Aliado a uma interpretação política das letras, a dissertação de Clóvis Santa Fé Jr. (2001) também tem como fonte as entrevistas dos músicos publicadas nas revistas especializadas *Bizz* e *Roll*. Contudo, o objetivo continua sendo encontrar o teor político e de crítica social que os roqueiros expressavam literalmente nas entrevistas e em suas composições:

> Em suma, o que realmente tem relevância é não só a "mensagem" da qual a música-rock, produzida por eles [as bandas "politizadas" dos anos 1980, segundo a denominação do autor] torna-se portadora, mas, também, a criação musical, para a qual a maioria tenta obter um *status* estético, e a atitude representada pelo rock de se posicionar criticamente perante as sociedades modernas, segundo Renato Russo da banda Legião Urbana. Nesse contexto de criação da canção, essas bandas buscam, através da música, expressar a insatisfação juvenil para com a sociedade e, também, informar

---

durante os anos 1950 e 1960 – contexto de grande efervescência juvenil nas artes e na política e de protestos nas ruas pelo fim da ditadura militar – cristalizou-se um conceito do jovem ideal que busca a revolução social. Enor Paiano (1994, p. 133) observa que o jovem era o "agente transformador" de toda sociedade e deveria, portanto, ouvir canções "autenticamente" brasileiras e políticas.

os segmentos que compõem a juventude dos fatores sociais que contribuem para a construção desta "insatisfação". (SANTA FÉ JR., 2001, p. 111).

É preciso considerar que o autor aponta duas questões importantes sobre as bandas "politizadas" dos anos 1980: a sua busca pelo reconhecimento estético de suas músicas e a citação de Renato Russo, vocalista e letrista da Legião Urbana, que teria dito que a atitude esperada do rock é a de se posicionar criticamente frente às "sociedades modernas". Por que esses pontos são importantes? Eles carregam relevância por que são os elementos de análise explícitos nas fontes e na bibliografia acerca do contexto de emergência e consolidação artística e comercial dessas bandas, em suma, a consolidação de um campo de produção simbólica do rock brasileiro. Quem vai afirmar que nas músicas "Geração Coca-Cola", "Que país é este", "Faroeste caboclo", "Tédio (com um T bem grande pra você)" da Legião Urbana; "Estado violência", "Polícia", "Família" e "Televisão" dos Titãs; "Alagados" e "O Beco", dos Paralamas do Sucesso; "Brasília", "Até quando esperar", "Minha renda", da Plebe Rude, inexiste crítica social? De fato existe. E mais: as bandas lutaram, pelo menos inicialmente, por um reconhecimento que exigia autonomia frente à MPB.

O problema reside na forma de analisar esse teor político expresso nas letras, sempre fazendo valer o velho argumento de que a "boa" música popular é essencialmente politizada e por isso merece ser posta em discussão, isto é, merece tornar-se objeto de pesquisa.

E citar a opinião de Renato Russo dá mais força ao argumento de Santa Fé Jr., mas acredito que as questões podem ser colocadas de outra maneira: por que o líder e compositor da Legião Urbana defendia a necessidade de canções politizadas, sobretudo entre

1985 e 1987? Junta-se a essa outra questão: Por que ele tenta imprimir, em suas entrevistas, uma seriedade, uma respeitabilidade ao trabalho do músico e compositor de rock? Argumentarei mais adiante que essa defesa do rock feita por Renato e, é claro, do seu próprio trabalho, tem a ver com a história do rock no Brasil e com a tentativa de elaboração dos próprios critérios de avaliação do rock brasileiro, independente dos critérios da MPB. O rock desde quando aportou no país foi visto como algo intruso na música brasileira. Durante os debates culturais e políticos na década de 1960 sobre o que era e o que não era cultura brasileira, o rock ganhou a alcunha de "alienado", diante da forte repercussão do programa de TV Jovem Guarda (1965-1968), principalmente, entre os jovens das camadas populares. E é claro que isso, entre outros diversos fatores, teve efeitos objetivos no processo de inserção (ou não) do rock na indústria cultural brasileira.

A relação entre rock e indústria cultural é muito pouco discutida porque a perspectiva se ancora na forte ideia de que ali não é um espaço de sujeitos emancipados do modo de produção capitalista, ao contrário, é mais um espaço social de produção em série de não-sujeitos e de mercadorias padronizadas. A indústria cultural não é compreendida como um espaço singular de produção simbólica e de valores, os quais permeiam as experiências e os conflitos sociais e culturais ali expressos nas posições dos agentes sociais e nas suas obras. Esse espaço é tradicionalmente tratado com uma força que age em mão única sobre os sujeitos, sejam eles artistas ou consumidores. Enfim, é um argumento antenado à tese de Adorno

& Horkheimer (1969), onde não se considera a existência de "indivíduos" na indústria cultural.[4]

Não se preocupando com a relação entre o rock brasileiro e a indústria cultural, Helena Abramo (1994) enfoca a maneira como, e com que elementos simbólicos, os roqueiros paulistas atuaram publicamente. Ela começa lançando a provocativa questão: Esses jovens roqueiros tinham o dever de se unirem, em movimentos sociais, e serem críticos à realidade brasileira? Não, é o que ela responde. A autora analisa a atuação dos grupos *punk* e *dark* da cidade de São Paulo, partindo de questões-chave: O que esses jovens propõem por meio de suas roupas, músicas e atitudes? O que essa geração tem de particular? Indo na contramão das interpretações que cobravam e esperavam uma postura crítica da juventude, relegando a ela a responsabilidade por transformar as sociedades modernas, e condenando os grupos que "não se mobilizaram", Abramo decodificou o "estilo" de atuação pública das bandas do rock paulista da primeira metade dos anos 1980: Smack, Voluntários da Pátria, Mercenárias, Akira S & As Garotas que Erraram, Fellini, Agentes e Ira!. Essas bandas se apresentavam em casas noturnas pertencentes à cena *underground* da cidade, o Napalm, Carbono 14 e Madame Satã. O estilo de inserção e atuação deles seria o do "espetáculo":

---

4 Neste livro, a indústria cultural brasileira dos anos de 1980 será tratada como um espaço relativamente autônomo de produção de bens culturais e não apenas como o espaço do consumo de mercadorias, com vistas à compreensão de suas normas de produção e dos critérios de avaliação desses bens. Além disso, outro dado indica uma relativa autonomia, é que os produtos e os profissionais envolvidos (músicos, jornalistas e produtores musicais especializados) não necessariamente estabeleciam uma relação de dependência e/ou de oposição com a cultura erudita.

> É assim que eles buscam atuar e interferir nesse cenário social, pela construção de um espetáculo que chame a atenção pública para essas questões: se oferecem como espelhos da essência do seu tempo, buscando obrigar os outros a verem e ouvirem as distorções e a se mirarem nessa perplexidade, de modo a repensarem suas convicções sobre o presente e o futuro. (ABRAMO, 1994, p. 156)

A necessidade, o forte desejo de deixarem o anonimato social destacado pela autora é uma característica específica da geração dos jovens roqueiros dos anos 1980. Esse importante elemento, entre outros, pôde ser apreendido através do uso das várias fontes reunidas: as canções, as entrevistas feitas por ela, a arquitetura e a decoração dos locais de shows, as roupas, os cortes e as cores dos cabelos de homens e mulheres, a maquiagem usada, o gestual e a performance das bandas no palco. Assim, não se privilegia uma fonte ou outra. É a análise do conjunto de fontes que possibilita a elaboração dos argumentos da dissertação.

Outro elemento relevante dessa geração de roqueiros é a diferenciação, em alguns casos a ruptura explícita, com a geração anterior:

> [...] Eles insistem em chamar a atenção para essa mudança de localização temporal, que lhes coloca outras referências e necessidades (como explicita a música do Ira! intitulada "Nasci em 62": Eu não vi Kennedy morrer/não conheci Martin Luther King/não tenho muito para dizer?). Nessa demarcação, produzem também um questionamento da cobrança feita a eles de exercer um papel que foi o da geração anterior, o de portadores de esperanças e utopias. Eles recusam a atribuição desse papel. Para indicar sua especificidade histórica, eles mesmos se encenam como uma *geração sem futuro*, como a "Geração Coca-Cola" (título de uma música do Legião Urbana), e devolvem a tarefa de pensar o caos para toda a sociedade. (ABRAMO, 1994, p. 157).

No lugar uma esperada postura transformadora da realidade social, eles têm uma atuação marcada pela angústia e pela ausência de novos projetos. O que não configura despolitização e indiferença perante os problemas, ao contrário, eles sentem e vivem esses mesmos problemas: frustração com o lento andamento da redemocratização, forte crise econômica, inflação e desvalorização dos salários.

O trabalho de Abramo veio com a motivação de dar uma resposta histórico-sociológica sobre o que foi a juventude urbana de classe média dos anos 1980 aos seus críticos mais conservadores e pautados no ideal do jovem construído vinte anos antes. Recusando a atribuição desse papel, como fala a autora, esses jovens exigindo autonomia para o que compunham, escreviam e falavam publicamente.

A partir da sumária exposição dos argumentos e enfoques analíticos presentes na bibliografia, este livro se coloca como uma tentativa de compreender as lutas, os capitais culturais alçados e os critérios de avaliação e de produção elaborados por novos agentes na indústria cultural. De modo que tentarei, ao longo do texto, explicitar quais foram os critérios de avaliação construídos pela poderosa voz de Renato Russo, seja cantando ou falando aos jornais e revistas, e de determinados jovens em processo de profissionalização (jornalistas e produtores musicais), no mercado editorial e fonográfico, que contribuíram, em conjunto com as bandas, para a consolidação do campo do rock brasileiro nos anos 1980. Questões essas que estão ausentes na bibliografia sobre o rock no Brasil a que tive acesso.

Por ora, faço uma breve reflexão sobre a dificuldade de uma inserção mais autônoma do rock no país durante as décadas de 1960 e

ÉRICA RIBEIRO MAGI

1970, e como isso reverberou na diminuta produção acadêmica acerca de determinados estilos musicais e artistas de sucesso popular.

Roqueiro brasileiro sempre teve cara de bandido

Rita Lee construiu uma bem sucedida carreira de compositora e intérprete após a sua saída da banda Os Mutantes, em 1970. "Roqueiro brasileiro sempre teve cara de bandido" é um dos provocativos versos escritos pela artista, e é da canção "Ôrra, meu", lançada em 1980 no disco *Lança perfume*. Ele nos provoca a pensar sobre a posição muito particular dos músicos e fãs de rock no campo da música popular até o início dos anos 1980, mais precisamente 1982, com o estouro de popularidade e de carisma da banda carioca Blitz, e depois a brasiliense Legião Urbana trazendo às paradas de sucesso um ar sério e tenso nas músicas e nas apresentações da banda. Nos anos 1960 eram os "alienados", "inautênticos", "colonizados pelo imperialismo americano", e na década seguinte passaram a ser os "drogados", "cabeludos" e, ainda, "alienados". A despeito de certo moralismo contido nesses adjetivos, é fato uma total ausência de legitimidade cultural, expressiva no restritíssimo espaço de produção nas grandes gravadoras, de divulgação e de crítica na imprensa aos grupos de rock brasileiro.

Igualmente expressiva da pouca atenção da academia concedida à música popular, situação que começou a mudar durante a década de 80. A pesquisa sobre determinados estilos de música[5] comercialmente bem sucedidos, o que não quer dizer que sejam artisticamente

---

5   Considerando as pesquisas no país sobre o rock brasileiro e internacional, a música brega ou cafona, que também há pouco tempo passou a ser tema (ver ARAÚJO, 2005), o pagode e a música sertaneja dos anos de 1980 e 1990. Sobre o pagode, ver FERNANDES, 2010.

reconhecidos pela crítica especializada,[6] sofreu do que Renato Ortiz (1989) chama de "o silêncio" de grande parte da intelectualidade brasileira[7] em torno da existência de uma "cultura de massa" durante o processo de implantação e de fortalecimento da indústria cultural no país entre as décadas de 1950 e 1970. O cerne das discussões era determinar o que era a "cultura nacional" e quem a produzia, de fato. Contudo, as mudanças estruturais pelas quais a sociedade urbana vinha passando em decorrência do crescimento dos meios de comunicação não foram compreendidas no plano analítico, Ortiz (1989) acredita que a necessária luta contra a ditadura militar tenha "desviado" o olhar crítico da intelectualidade.

Os debates político-culturais[8] nos anos de 1960 que reuniam intelectuais e artistas da classe média eram fomentados pelas concepções elaboradas pelo Partido Comunista Brasileiro (PCB), o mais influente dentro da esquerda até 1964, segundo Marcelo Ridenti (2000, p. 12). A preocupação era resgatar as "verdadeiras" e "autênticas" raízes brasileiras e de seu povo, conferindo um tom romântico às concepções sobre cultura do partido. Quem era povo nesse contexto? Ridenti (p. 24) nos diz que o povo era a idealização do homem do interior e supostamente não influenciado pela sociedade urbana capitalista. E para a sua conscientização os artistas

---

6 Estou me referindo a intelectuais e jornalistas.

7 Nesse período, um trabalho se destacou no meio acadêmico e na imprensa por ter dado atenção sociológica a um "fenômeno de massa". Trata-se de *A noite da madrinha*, de Sergio Miceli, publicado em 1972, sobre o programa de Hebe Camargo na televisão.

8 A *Revista de Civilização Brasileira*, publicada entre 1965-68, foi o espaço privilegiado das esquerdas na imprensa, onde puderam discutir o que era e não era a cultura nacional.

engajados deveriam produzir obras genuinamente "populares e nacionais" acerca do regime autoritário e da difícil e miserável vida que levava. Cabe outra pergunta:

O que era caracterizado como popular e nacional?

Os estilos alçados à condição de autêntica cultura nacional-popular foram o samba de morro, produzido no Rio de Janeiro na década de 1930, e os ritmos regionais (baião, xaxado, moda de viola). Todas essas variáveis musicais marcaram o contexto de emergência da sigla MPB na segunda metade dos anos 1960 e determinaram formas de interpretação (Elis Regina, Nara Leão e Elizeth Cardoso), de composição e de tratamento do material "folclórico" (Edu Lobo, Baden Powell e Vinícius de Moraes), dos "gêneros de raiz" (Geraldo Vandré e Chico Buarque) e da composição como paródia, com o Tropicalismo de Caetano Veloso e Gilberto Gil (NAPOLITANO, 2007, p. 110). Essas variáveis aceitas sob a sigla MPB constituíram um produto cultural valorizado artística e socialmente, e que deteve até os anos 1980 uma posição dominante e de organização dos outros gêneros musicais na indústria cultural.

Nesse contexto de consolidação da MPB, dois programas de televisão tornaram-se símbolos da tensão existente na música nacional. De um lado, a valorização das "raízes brasileiras", personificada no Fino da Bossa, em contraposição ao rock da Jovem Guarda, cuja influência vem do rock americano dos anos de 1950.

A Jovem Guarda estreou em agosto de 1965 na TV Record, sediada em São Paulo. Era exibida nas tardes de domingo e comandada por Roberto Carlos, Wanderléa e Erasmo Carlos. Em torno do trio de apresentadores-cantores participavam do programa: Eduardo Araújo, Martinha, Rosemary, Ronnie Cord, Wanderley Cardoso; e as bandas The Jordans, Os Incríveis, The Golden Boys, Renato e seus Blue Caps e The Jet Blacks. Todos vindos dos baixos ou médios estratos da sociedade, nascidos em pequenas cidades ou nas periferias das capitais, tiveram uma precária educação escolar e musical e não chegaram à universidade. Roberto e Erasmo deram início a uma produtiva dupla de compositores, que ainda permanece ativa, fazendo versões do rock internacional e escrevendo letras, sempre em português, para o programa.

"Splish splash", "É proibido fumar", "Lobo mau", "O calhambeque", "É papo firme", "Eu sou terrível", "Negro gato", "Festa de arromba", "Pode vir quente que eu estou fervendo", "Rua Augusta", "Quero que vá tudo pro inferno" etc., transformaram-se em sucessos entre o público jovem não universitário, portanto, nada influenciados e afeitos aos debates político-culturais da esquerda nacionalista e aos temas cantados pelos artistas engajados. Apreende-se uma total descontração, acompanhada do som de guitarras elétricas, ao tratarem do beijo roubado no cinema, da desobediência às normas sociais, do desinteresse pelo casamento e da chance desse jovem, antes à margem da sociedade de consumo, de comprar carrões – e correr a toda velocidade pelas ruas do centro de São Paulo –, roupas, e ir a festas badaladas. Ao mesmo tempo, as letras traziam um romantismo misturado com agressividade ("Quero que vá tudo pro inferno"), conformismo e ironia frente às normas sociais ("Mexerico da Candinha"), crítica ao casamento e aceitação do mesmo, caso se encontrasse um amor "pra valer" ("Não é papo pra mim").

Enor Paiano (1994, p. 117-118) sintetiza muito bem como a Jovem Guarda se colocou (ou não): "uma postura radicalmente rebelde que poderia ter sido a forma de inserção da Jovem Guarda no debate cultural, não se efetiva". É provável que isso tenha trazido consequências para a carreira deles pós-Jovem Guarda – Roberto Carlos, por exemplo, abandonou o rock e assumiu a música romântica – e tenha contribuído para a não consolidação de um campo do rock brasileiro, pois o gênero, na década de 1970, é produzido às margens do mercado fonográfico (com as exceções de Rita Lee, Raul Seixas e Secos e Molhados), e para um público restrito, portanto.

A rebeldia da Jovem Guarda se efetivava melhor na imagem de seus cantores. Uma música diferente dos gêneros "autenticamente brasileiros" na TV deveria vir acompanhada por uma moda diferente também. Foi o que aconteceu. Para os rapazes: calças apertadas e cabelos compridos; e para as moças: mini-saia, botas e os cabelos longos e soltos:

A Jovem Guarda: Eduardo Araújo, Wanderley Cardoso, Roberto Carlos e Erasmo Carlos. Sentadas, as cantoras Martinha e Wanderléa.

Fonte: http://www.girafamania.com.br/montagem/fotografia-brasil-anos60.htm)

Em menos de um ano no ar, essa turma conquistou um expressivo público telespectador. De acordo com os índices de audiência colhidos por Paulo Cesar de Araújo (2006, p. 172-173) no IBOPE, o programa começou com uma audiência razoável de 15,5% que se manteve até o fim de novembro de 1965. Em abril o índice chegou a 38% em decorrência do – literalmente – estouro da canção "Quero que vá tudo pro inferno", lançada em dezembro de 1965 no LP do então "rei da juventude" – Roberto Carlos –, também intitulado Jovem Guarda. Aliada à crescente audiência do programa, a vendagem do disco homônimo superou as cifras da MPB (NAPOLITANO, 2007, p. 96), provocando uma violenta reação dos artistas e intelectuais engajados.

O Fino da Bossa, apresentado por Elis Regina e Jair Rodrigues e também produzido pela TV Record, representou em parte essa reação contra a repercussão que a Jovem Guarda vinha conquistando. Embora o programa fosse ao ar às segundas-feiras, objetivasse o público universitário e lutasse pelo resgate do "samba autêntico" e pela adequação dos artistas da bossa nova às demandas políticas do período (NAPOLITANO, 2001, p. 82), o Fino foi o palco de uma disputa a um só tempo ideológica e econômica entre a MPB e o iê--iê-iê,[9] como ficou definido o rock da Jovem Guarda, tomando de empréstimo a vocalização do refrão de "She loves you", dos Beatles.

O Fino da Bossa estreou em maio de 1965, um pouco antes da Jovem Guarda, e durou até 1967 – contudo ao longo desse ano a disputa se acirrou entre seus artistas. Foi no dia 18 de julho que Elis Regina, Jair Rodrigues, Edu Lobo, Gilberto Gil e Zé Ketti lideraram na cidade de São Paulo "a passeata contra a guitarra elétrica", uma caminhada do Largo São Francisco até o teatro Paramount, onde ocorreria a gravação do programa "Noite da Música Popular Brasileira", da TV Record, que entrara no lugar do Fino (PAIANO, 1994, p. 125). A Jovem Guarda era tida como a face ideológico--cultural do golpe militar de 1964, produzida para alienar o jovem com músicas que não exprimiam as questões "nacionais": a vida

---

9 Para uma análise histórica detalhada dessa disputa, ver PAIANO (1994) e NAPOLITANO (2001 e 2007).

do pobre, do nordestino, do homem do interior e o subdesenvolvimento brasileiro. E ainda fazia uso de timbres eletrônicos de guitarras e teclados; muito distante, portanto, do que pedia a MPB até então, que deveria preservar o violão, os instrumentos de percussão do samba e de outros estilos "autênticos" de nossa música. (NAPOLITANO, 2007, p. 96).

O Fino da Bossa. Elis Regina acompanhada pelo trio instrumental de bossa nova, Zimbo Trio, formado por Amilton Godoy (piano), Luiz Chaves (contrabaixo) e Rubens Barsotti (bateria)

(Fonte: http://www.ejazz.com.br/detalhes-artistas.asp?cd=177)

Além do forte debate estético-ideológico que mobilizava artistas, intelectuais e universitários de esquerda, a disputa entre os dois programas tinha um aspecto econômico: a conquista de mais telespectadores e, consequentemente, de mais contratos com empresas de publicidade. Como a divisão entre os públicos consumidores não estava clara para o mercado fonográfico e televisivo, é válido considerar que a Jovem Guarda e o Fino da Bossa brigavam por "franjas de público que se tocavam" (NAPOLITANO, 2001, p. 99). A década de 1960 no Brasil foi o período de reorganização da

A LEGIÃO URBANA DO UNDERGROUND AO MAINSTREAM

indústria cultural, em que a TV se apresentava como um promissor veículo de mídia. A canção popular ganhava um novo lugar social, de prestígio e seriedade (com a exceção do rock), e seus artistas se tornavam verdadeiros ídolos, com uma diferença fundamental em relação aos ídolos do rádio: agora eles tinham imagem.

Após a passeata contra a guitarra elétrica, o iê-iê-iê sofreu outra violenta reação. A Ordem dos Músicos do Brasil (OMB), em julho de 1967, instituiu novas regras para os músicos conquistarem a sua carteira profissional. A entidade cassou todos os registros provisórios dos profissionais e passou a exigir a aprovação do "candidato" no exame de teoria musical, só assim o músico poderia exercer a profissão. (NAPOLITANO, 2001, p. 183). Por que essa mudança? Segundo Napolitano (2001), o argumento da Ordem era de que "falsos conjuntos musicais" tomavam espaço das "orquestras sérias" nos eventos e espetáculos. A decisão da OMB acirrou ainda mais a disputa entre a MPB e o iê-iê-iê porque a nova regra foi vista como uma medida protecionista do campo – em vias de autonomização – da MPB. Lembrando que os músicos do iê-iê-iê não tinham formação teórica em música, não poderiam ser aprovados nesse exame.

A turma do iê-iê-iê se organizou e, liderada pelo compositor e empresário Carlos Imperial, redigiu o documento "Manifesto do iê-iê-iê contra a onda de inveja".[10] Nele, o grupo respondia às exigências da OMB e falava sobre a dificuldade em participarem dos festivais de música popular. Vale a pena citar alguns trechos:

> Seria o caso de proibir o pintor de pintar, de expor seu quadro por não ter frequentado a Escola de Belas Artes, um poeta de declamar e mostrar seus versos por não ter feito um

---

10 De acordo com PAIANO (1994), esse manifesto foi publicado na revista *O Cruzeiro* em 5 de agosto de 1967.

curso de literatura, um escultor por não possuir um curso de desenho ou diploma de arquitetura [...] A Ordem [dos Músicos do Brasil] foi criada para regulamentar a profissão e achamos que seu principal papel não é fazer jovens desistirem do seu ideal, e sim incentivá-los mostrando que, enquanto eles estão fazendo música, não estão à toa pelas ruas, aumentando o índice de delinquência juvenil.

Em evidência a disputa pelo mercado de shows entre os conjuntos instrumentais "sérios", filiados à bossa nova e ao jazz, e os de iê-iê-iê; e a luta pela manutenção da legitimidade cultural dos valores artísticos de uma determinada elite.

Sobre os festivais de música popular da televisão:

> Um dos erros principais desses festivais é o critério usado pela comissão julgadora, que sempre prefere temas de tristeza, nordestinos, alguns até classificados com boas colocações e dos quais o povo não tomou conhecimento. Decidimos pedir aos organizadores dos festivais um júri autenticamente popular e não erudito em música, como vem sendo até então.

Porém, o "nosso" objetivo é:

> Não queremos ganhar festivais nem ser chamados de geniais. Queremos sim que o povo cante conosco. Queremos sim que cada brasileiro junto a sua voz ao nosso canto e grite em cada esquina desse Brasil imenso as nossas canções de amor coloridas, cheias de otimismo, carregadas de fé, para que o mundo saiba que o Brasil não é um país derrotado como apregoam falsas canções. (*apud* PAIANO, 1994, p. 135-138).

O que fica claro, concordando com PAIANO (1994), é a dificuldade de construírem um discurso coerente e sofisticado que fizesse frente aos argumentos e valores artísticos defendidos pela MPB.

A LEGIÃO URBANA DO UNDERGROUND AO MAINSTREAM

Ora, se não querem ganhar os festivais, porque pedir a mudança do júri? Exigir que os jurados fossem "populares" e não "eruditos" só evidencia a falta do capital cultural requerido pela elite e a consciência de que ocupavam posições inferiores na hierarquia social. Em suma, "O Manifesto do iê-iê-iê contra a onda de inveja" foi incapaz de elaborar e introduzir no debate cultural os seus próprios valores e princípios artísticos, apenas deu respaldo às ações organizadas, como foram a passeata contra a guitarra elétrica e a cassação dos registros pela OMB, em prol da desvalorização do capital cultural da turma da Jovem Guarda.

Enfim, a agência de publicidade dona da marca "Jovem Guarda" entrou em crise financeira. Roberto Carlos se desligou do programa para investir na carreira de compositor-intérprete romântico. Em janeiro de 1968 a Jovem Guarda chega ao fim.

O grupo de artistas que irá efetivamente discutir a necessária – por ser inevitável – aceitação da cultura internacional na música popular brasileira é o dos baianos do movimento Tropicalista. Inclusive um deles, Caetano Veloso, antes da eclosão do movimento, participara dos debates culturais promovidos pela *Revista de Civilização Brasileira*, reduto da esquerda na imprensa. Ou seja, ele teve acesso a um espaço legítimo de discussão. Pode-se dizer que Caetano já caminhava para posições dominantes da MPB.

Foi no III Festival de Música Popular Brasileira, realizado pela TV Record em outubro de 1967, que os tropicalistas enfrentaram e questionaram os paradigmas da canção brasileira defendidos pelos "artistas nacionalistas", com Caetano Veloso concorrendo com a canção "Alegria Alegria", acompanhado pela banda de rock argentina Beach Boys, e Gilberto Gil cantando "Domingo no Parque", acompanhado pela banda paulistana Os Mutantes (Rita

Lee, Arnaldo e Sérgio Dias Baptista). Detalhe: três meses depois de Gil ter participado, ao lado de Elis Regina, da passeata contra a guitarra. Roberto Carlos, talvez o principal alvo da passeata, também participou do Festival competindo com o samba "Maria, Carnaval e Cinzas", e não com uma canção "de amor colorida, cheia de otimismo e carregada de fé", como "defende" o "Manifesto do iê-iê-iê contra a onda de inveja". E levando para o palco a canção popular brasileira tida, até então, como "autêntica" estavam Chico Buarque e o grupo MPB 4, com "Roda Vida", Edu Lobo, com "Ponteio", e Sérgio Ricardo, defendendo "Beto Bom de Bola". O III Festival ficou registrado na memória musical como o mais polêmico e o responsável pela inclusão da sonoridade e instrumentação do rock na MPB, pelas mãos dos tropicalistas, o que só aumentou a tensão no campo.[11]

Para concluir essa rápida reflexão sobre a inserção do rock no Brasil na década 1960 e os embates que isso provocou com a MPB, ainda bastante influenciada pelos valores nacionalistas que a esquerda, sobretudo pela concepção do PCB, determinava o que era ou não a cultura brasileira, coloco a questão: Quais foram as consequências da disputa ideológica e econômica entre a MPB e Jovem Guarda para a história do rock no Brasil? O seguinte trecho de Marcos Napolitano nos ajudará a pensar:

> Ao contrário do que se sugere normalmente, o gênero musical beneficiário desse salto de popularização do novo meio eletrônico – a TV – não foi a jovem guarda, mas a MPB. Os festivais da canção tinham como centro os astros desta

---

11 Essa tensão pode ser apreendida no documentário *Uma Noite em 67* (Brasil, 2010), que traz muitas imagens da época e depoimentos de Chico Buarque, Roberto Carlos, Caetano Veloso, Edu Lobo, Gilberto Gil etc.

> corrente, e não da primeira. É bem provável que essa mudança estrutural na audiência tenha feito migrar parte do público que ouvia música popular pelo rádio, acostumado aos programas de auditório e às competições musicais, para os novos festivais. Por estranho que possa parecer, analisando o desenvolvimento do panorama do consumo musical televisivo e fonográfico do final dos anos 1960, é possível concluir que a MPB foi um "produto" comercial muito mais eficaz do que a jovem guarda, por três motivos: foi reconhecida pela crítica, ganhou o público consumidor de alto poder aquisitivo e instituiu um estilo musical que reorganizou o mercado, estabelecendo uma medida de apreciação e um padrão de gosto. (NAPOLITANO, 2007, p. 97-98).

Está aí a consequência principal para a difícil inserção legítima do rock no campo da música popular no Brasil. O rock brasileiro, após o sucesso da Jovem Guarda, não conseguiu se constituir em um campo de produção simbólica, isto é, não conquistou espaço dentro das grandes gravadoras, tinha um espaço restrito nos jornais de grande circulação e um público tido como "alternativo". A primeira coluna fixa na grande imprensa sobre rock aparece nascrita pelo jornalista e compositor Carlinhos Pop Gouveia (Carlos Antonio Gouveia, morto em 2002) entre 1974 e 1976 com periodicidade semanal. A Editora Abril editava a *Pop*, uma revista mensal que foi publicada de 1972 a 1979. Percebe-se pela sua relativa longa vida (sete anos) no mercado editorial que existia um público jovem interessado nas notícias e comentários dos críticos, entre eles Ana Maria Bahiana, Ezequiel Neves (1935-2010), que assinava "Zeca Jagger", Pink Wainer (filha dos jornalistas Samuel Wainer e Danuza Leão), Tarik de Souza, sobre o mundo do rock fora e dentro do Brasil. Escrever sobre rock e música pop no Brasil, assim como produzi-la, na década de 1970, era uma batalha frente ao prestígio e domínio dos artistas da MPB pelo espaço desses profissionais porque até no nome alguns traziam os signos do sucesso: "Zeca Jagger" e "Carlinhos Pop".

Todos esses jornalistas começaram a escrever sobre música internacional na imprensa alternativa. Uma das mais conhecidas publicações foi a versão pirata[12] da revista *Rolling Stone*, produzida, entre outros, por Ezequiel Neves, Ana Maria Bahiana e Luis Carlos Maciel no Rio de Janeiro entre 1972-73. Outra revista foi a *Rock, a história e a glória* que contou com esses mesmos colaboradores, e mais Carlinhos Pop Gouveia e Okky de Souza.

Contudo, muitas bandas surgiram em meio às dificuldades de gravação e de visibilidade nos meios de comunicação. Os primeiros discos dos Mutantes são excelentes, onde a experimentação musical desenvolvida no Tropicalismo dá o tom. Ao longo dos anos 1970, o experimentalismo da banda foi desaparecendo junto com a saída de Rita Lee e Arnaldo Baptista, e a importação sem crítica do estilo de rock progressivo[13] passou a dar as cartas no trabalho do grupo. Outras bandas tentavam produzir esse estilo, como o Terço, o Joelho de Porco, o Bicho da Seda, O Som Nosso de Cada Dia, Cor

---

12 A versão era pirata porque o uso do nome "Rolling Stone" não foi autorizado no Brasil. Mesmo assim, a equipe brasileira chegava a traduzir as reportagens da matriz americana e a publicá-las na edição nacional.

13 Segundo Shuker (1999, p. 243) o estilo "rock progressivo" surgiu no final dos anos 1960 no Reino Unido, e caracteriza-se pelo uso de imagens obscuras, misturando convenções de estilos incompatíveis. Não é uma música dançante porque o estilo evita a batida (beat) padrão do rock, considerando o timbre e a textura mais relevantes na composição. E os shows de rock progressivo fazem uso de linguagens teatrais. Pink Floyd, Genesis, Yes e Emerson, Lake and Palmer fizeram sucesso na década de 1970, inclusive com influências sobre os roqueiros brasileiros

do Som, Banana Progressiva, A Bolha, o Vímana; e outras sob influência do heavy metal,[14] como Made in Brazil. Todas essas bandas ficaram restritas à margem da indústria cultural e a um pequeno público de seguidores. Em suma, não seria na década de 1970 que o roqueiro brasileiro deixaria de ter cara de "bandido", fosse ele músico, produtor musical ou jornalista em busca de profissionalização e legitimidade na indústria cultural brasileira.

Rock and roll é a minha vida, o meu trabalho

Fazer rock brasileiro é trabalho. Este princípio foi construído e defendido pela geração de bandas dos anos 1980, e teve em Renato Russo, líder da Legião Urbana, provavelmente o seu maior porta-voz. O líder da Legião Urbana verbalizou em várias entrevistas,[15] durante os anos 1980, que compor e tocar rock são um trabalho que, como em qualquer profissão, depende de dedicação, persistência e de conhecimentos específicos por parte da banda:

Bizz: O mega-estrelato mexeu muito com a cabeça de vocês?

Dado: Mega-estrelato!?!? (Risos)

Bizz: E não foi?

Dado: O que aconteceu foi que as músicas começaram a tocar no rádio – "Tempo Perdido", depois "Eduardo e Mônica", depois veio "Daniel na Cova

---

14 O heavy metal, também segundo Shuker (p. 157-158), surgiu nos anos 1970. O estilo tem o andamento mais acelerado do que o rock convencional, e é baseado predominantemente no som das guitarras.

15 "Rock 'n' roll é a minha vida, o meu trabalho" foi dito por Renato Russo em entrevista à revista *Bizz* (janeiro de 1988, ed. 30, p. 26-27).

dos Leões", "Índios"... Até então, estávamos acostumados a tocar em lugares como Metrópolis, onde cabem 1800 pessoas, estava sempre lotado. Fomos para um outro estágio, onde você passa a tocar em ginásio para dez mil pessoas, lotado também. Isso não mexe muito com a cabeça, não. Não senti assim. Sei lá, continuamos trabalhando, fazia parte do trabalho.

Renato: Na verdade, aqui no Brasil você vai aprendendo conforme vai fazendo. Então, não adianta! Mesmo todas as coisas que nós sabíamos sobre rock´n´roll e tudo o mais – porque é o nosso trabalho, se eu fosse padeiro, saberia tudo sobre padarias – não ajudaram muito. Você acaba esbarrando, primeiro, na própria gravadora, onde você e eles não têm a mínima noção de como funciona esse processo todo, tanto quanto a imprensa, público... Então, todos foram descobrindo junto com você. Dessa forma, fica difícil perceber que você passou de um plano para outro. Tudo ainda é novidade. O lado negativo – de ficar enfastiado, de não saber o que vai dizer, os dramas... –, isso existe. Mas as coisas boas mesmo, como, por exemplo, o Prince, que deve ter as limusines dele e toda aquela coisa que protege o artista lá fora, aqui no Brasil não tem. Principalmente porque aqui, como disse o [Tom] Jobim, fazer sucesso é uma ofensa – artista é vagabundo, roqueiro é drogado e por aí vai.[16]

Há nesse pequeno trecho uma disposição bastante distinta da que tiveram os artistas da Jovem Guarda, que não conseguiram construir um discurso efetivo que fizesse frente às violentas críticas dos artistas "engajados" da MPB. E nada mais distante da ideia do "roqueiro com cara de bandido" cantada por Rita Lee que a ideia do roqueiro brasileiro profissional, um indivíduo que quer e precisa fugir dos estigmas de "drogado" e de inconsequente no trato com a carreira – como quer convencer Renato Russo. Essa é uma dife-

---

16 Entrevista da Legião Urbana à Sonia Maia. Revista *Bizz*, ed. 47, junho de 1989, p. 40-41.

rença fundamental dos músicos de rock surgidos nos anos 1980 em relação aos dos anos 1960 e 1970.

Outro dado importantíssimo é como os acontecimentos na carreira da Legião Urbana foram compreendidos como um grande aprendizado entre os próprios integrantes da banda, a gravadora, no caso a EMI-Odeon, e a grande imprensa. A consolidação da longa carreira de uma banda bem sucedida comercialmente e apoiada pela crítica especializada do eixo Rio – São Paulo foi vivenciado como uma "novidade" por esses agentes de um campo em processo de autonomização. Não é por pedantismo que Renato Russo traz exemplos de artistas e bandas estrangeiros do pop e do rock para a sua argumentação, citando nessa entrevista o cantor norte-americano Prince, para falar sobre as condições de produção musical no Brasil. Até então esses estilos não detinham um espaço autônomo e importante na indústria fonográfica, no rádio, na TV e na imprensa do nosso país. Não havia uma "tradição" do rock e do pop, a história desses estilos no Brasil é cheia de trechos intermitentes com trajetórias artísticas interrompidas ou radicalmente mudadas.[17]

Além disso, a busca incessante dessa geração de músicos por discos e informações de artistas e bandas estrangeiros, portanto o desejo de estarem super antenados com o "internacional", como

---

17 Exemplos: Ao final da Jovem Guarda, em 1968, o rock brasileiro perdeu ou ficou mais restrito seu espaço na TV e no mercado fonográfico, seus artistas direcionaram suas carreiras para outros estilos musicais (música romântica, soul music, brega). Após a saída de Rita Lee e de Arnaldo Baptista dos Mutantes no início dos anos 1970, a banda passou a fazer um som voltado para o rock progressivo e, assim, se afastando do experimentalismo musical, e não conseguiu formar um amplo público. Os Secos e Molhados, grupo formado por Ney Matogrosso, João Ricardo e Gerson Conrad, fez muito sucesso, mas durou apenas dois anos em razão de brigas internas.

fala Renato Ortiz (1989), se expressa a partir da procura de distinção frente à MPB.

De modo que, a nova linguagem construída pelos agentes, principalmente músicos e jornalistas, do rock nos anos 1980 não se limita a uma determinada politização. A cultura do nacional--popular sai de cena, deixa de ter voz ativa na produção cultural brasileira. E isso ocorreu não apenas pelas mãos dos músicos, como veremos no primeiro capítulo: jovens jornalistas inseridos nos principais jornais de São Paulo e Rio de Janeiro lutaram por suas pautas: rock, música pop, cinema e literatura estrangeiros. E no mercado de gravadoras, produtores em início de carreira e outros com experiência levaram para os estúdios as bandas, entre elas a Legião Urbana, que se apresentavam em lugares alternativos e para um pequeno público. Nas duas principais capitais brasileiras, portadoras do poder de consagrar ou não um artista nacionalmente, constituiu-se redes de sociabilidade formadas por bandas, jovens jornalistas, radialistas e produtores musicais.

Trabalhei para construir um argumento que adensasse essa rede de sociabilidade da qual pertenceu a Legião Urbana em São Paulo e, posteriormente, no Rio de Janeiro. Percebi que somente o uso das matérias de jornais e da revista *Bizz* não daria conta dessa tarefa, porque nelas não é possível apreender os dados biográficos e a trajetória de seus autores, como, também, que tipo de relações eles mantinham com as bandas nos anos 1980, em especial a Legião Urbana.

Para preencher as lacunas das fontes, fiz entrevistas em São Paulo e no Rio de Janeiro com alguns dos principais críticos de música da grande imprensa do período e também com o ex-produtor musical da Legião Urbana. Conheci o Alex através da comunidade da revista *Bizz* no Orkut, nela alguns ex-críticos da revista participam das discussões contando "causos" da relação entre a imprensa e artistas nos anos 1980 e 1990, tirando dúvidas dos mais jovens e, é claro, comentando a atual produção musical brasileira e internacional. Alex era um dos membros mais ativos da comunidade, escrevia longos *posts* a respeito de sua carreira de crítico de rock e de músico independente e sobre os seus discos e filmes favoritos. A Bia Abramo não participava dessa comunidade, embora tenha sido da primeira equipe de jornalistas da *Bizz*. Entrei em contato com ela pelo e-mail que aparecia ao final de sua coluna,[18] publicada aos domingos no jornal *Folha de S. Paulo*.

No Rio de Janeiro, entrevistei o jornalista e professor universitário Arthur Dapieve (1963-), que começou sua carreira no *Jornal do Brasil* em 1986. Ele publicou o primeiro livro sobre o rock brasileiro dos anos 1980, em 1995, e um interessante perfil de Renato Russo, em 2000, entre livros de ficção. Leciona no curso de Jornalismo da PUC (Pontifícia Universidade Católica) e tem uma coluna sobre assuntos variados no jornal *O Globo*. Foi por meio da universidade que entrei em contato com Arthur, enviando um e-mail para o Departamento de Comunicação a fim de solicitar uma entrevista. E, por fim, também estabelecendo contato por e-mail, conversei com Mayrton Bahia (1956), ex-produtor musical da Legião Urbana. Atualmente ele é professor no curso superior de Produção Fonográfica da Universidade Estácio de Sá que, aliás, foi criado por ele no início dos anos 1990.

As entrevistas revelaram-me dados surpreendentes, os quais eu não teria conseguido de outra maneira. Eles podem ser sintetizados no que Erich Auerbach (2004) denomina de "espírito de uma

---

18 Era uma coluna sobre televisão. Foi publicada entre 2003 e 2010.

época": o desejo consciente de jovens de quererem romper com um gênero musical, a MPB, que não lhes comunicava nada naquele momento, seja tocando e compondo rock, escrevendo sobre ele na imprensa e produzindo-o dentro das gravadoras. Enfim, o rock foi a forma cultural utilizada por eles para se construírem enquanto profissionais nada anônimos. Uma forma cultural defendida como um trabalho sério realizado por pessoas que detinham um capital cultural específico, isto é, jovens de classe média que frequentaram a universidade, valorizavam a busca por um conhecimento aprofundado sobre a produção artística brasileira e anglo-americana, conheciam literatura e cinema.

Trata-se do desenvolvimento e da entrada de novos agentes na indústria cultural brasileira, pois até então a crítica de rock e música pop não tinha uma legitimidade que lhe proporcionasse mais espaço de verbalização e reconhecimento no campo do jornalismo paulistano e carioca. E nas gravadoras ainda não existia um espaço para as bandas de rock: o processo de segmentação da música popular brasileira, consolidado nos anos 1970 (MPB, música brega, samba), "excluiu" o rock brasileiro e o seu público.

Particularmente em São Paulo, a rede de sociabilidade não possibilitou, sobretudo, a emergência de bandas para o *mainstream*. Acredito que o seu papel principal foi o de formar um quadro de jornalistas especializados em rock e música pop, porque como músicos eles não se firmaram profissionalmente. Por sua vez, conquistaram reconhecimento e cargos de comando na imprensa. Do outro lado, as maiores empresas do setor editorial brasileiro estavam atentas em descobrir quais nichos de público poderiam ser *explorados* com publicações e programas especializados. Uma delas, a Editora Abril, percebendo a existência de um público jovem inte-

A LEGIÃO URBANA DO UNDERGROUND AO MAINSTREAM

ressado pela cena musical internacional, em especial o rock anglo-americano, lançou em agosto de 1985 a revista *Bizz* que, entre outras coisas, alavancou a carreira – como "jornalistas" – de jovens atuantes e pertencentes àquele circuito *underground*. Alex Antunes foi vocalista de duas bandas e Bia Abramo não foi de nenhum grupo, mas acompanhava de perto a movimentação do rock paulista. O próprio Renato Russo era jornalista e chegou a exercer a profissão em Brasília. Ele não saiu da capital do país em direção a São Paulo despreparado, sem conhecer a dinâmica de uma entrevista e, em geral, as demandas e perspectivas dos jornalistas. As fontes demonstram que o vocalista da Legião Urbana não desperdiçava a chance de dar uma entrevista, tinha consciência do poder de comunicação que uma revista e um jornal tinham nos anos 1980. Com o advento da internet esse poder diminuiu bastante, mas, naqueles anos, ser capa da *Bizz* ou ter o seu LP resenhado positivamente no caderno "Ilustrada", do jornal *Folha de S. Paulo*, significava ter alcançado o reconhecimento da legítima crítica musical, a opinião de quem interessava.

A carreira fonográfica da Legião Urbana só alavancou no Rio de Janeiro, cidade onde se concentravam os estúdios particulares e as principais gravadoras, entre elas, a EMI-Odeon, com quem a banda assinou contrato em 1984, por intermédio de Herbert Vianna, dos Paralamas do Sucesso, que falou com Mayrton Bahia sobre o seu amigo letrista e vocalista morador de Brasília, Renato Russo. Passado um tempo, o vocalista dos Paralamas trouxe para o produtor musical e diretor de elenco da companhia uma fita cassete de Renato, em nome da Legião Urbana. Porém, o fomento ao nome da banda não estacionou aí. Outra pessoa chave nessa rede de sociabili-

ÉRICA RIBEIRO MAGI

dade foi a jornalista Ana Maria Bahiana[19] (1950-) que, pessoalmente, conversou com o diretor artístico Jorge Davidson sobre a banda.[20]

Como ela conheceu a Legião Urbana? Uma hipótese é a seguinte: eles e a banda Capital Inicial abriram o show de Lobão e os Ronaldos no Circo Voador, o principal local de apresentação das novas bandas de rock. A vinda dessas bandas ganhou uma reportagem do também carioca Jamari França (1949-), publicada no *Jornal do Brasil* em 28 de julho de 1983.[21] Nela, Renato Russo não desperdiçou a chance de dizer: "está na hora dos grandes centros conhecerem o que se faz no resto do país". Obviamente, ele está dizendo que existe produção musical fora do eixo Rio – São Paulo, e a Legião e o Capital são exemplos disso. A necessidade de vir para o "eixo" tentar a carreira artística era imprescindível, o que criava a ideia de que nos outros estados não acontecia nada autonomamente.[22]

---

19 Não é por acaso que, no encarte do primeiro disco da Legião Urbana, existe um agradecimento a Ana Maria Bahiana, aos Paralamas do Sucesso e aos amigos de Brasília, a "Turma da Colina".

20 Obtive essa informação por meio da entrevista com Mayrton Bahia, no Rio de Janeiro, em 26 de outubro de 2009.

21 O título dessa reportagem é: *Legião Urbana e Capital Inicial. O Rock de Brasília desce o Planalto.*

22 São muito recentes as mobilizações que lutam pela descentralização da produção, da circulação de artistas e bandas e do consumo de música no Brasil. Existe a ABRAFIN (Associação Brasileira dos Festivais Independentes), fundada em 2005, que reúne e auxilia a realização de vários festivais de música em todo o país: o Varadouro, em Rio Branco (AC), o Goiânia Noise, em Goiânia, o Porão do Rock, em Brasília (DF), o Demosul, em Londrina (PR), o Calango, em Cuiabá (MT), o Abril Pro Rock, em Recife (PE) etc. Acesse: www. abrafin.org.br. E existe também o coletivo Fora do Eixo, concebido em 2005, que conta com uma rede de produtores culturais de todas as regiões do país. Eles buscam potencializar a circulação de bandas independentes e a troca

Outro aspecto interessante desse circuito de sociabilidade carioca é a relação entre bandas e jornalistas mais velhos, que deram início à carreira na década de 1970, exatamente o caso de Jamari França e Ana Maria Bahiana. Eles foram receptivos ao rock dos anos 1980 e o viram de forma entusiasmada,[23] porque finalmente o gênero tomava corpo no Brasil, tanto nas rádios e TVs quanto na imprensa. Por outro lado, houve também a entrada de jornalistas jovens, como Arthur Dapieve, no *Jornal do Brasil*, e Tom Leão e Carlos Albuquerque, no *Globo*, onde continuam sendo colunistas. Em São Paulo, músicos e críticos estavam na faixa dos 20 anos. A "Ilustrada" passou por uma reformulação na editoria e em suas pautas, abrindo espaço para a entrada de jovens jornalistas de música, como Pepe Escobar, André Forastieri e Mário Cesar Carvalho, para escreverem sobre música pop, rock nacional e internacional. A revista *Bizz* começou com um quadro de jornalistas estreantes, com a exceção de Ana Maria Bahiana e José Emílio Rondeau, o primeiro editor-chefe da publicação.

A iniciativa de dar apoio nos bastidores ou nas páginas de um jornal ou revista a uma nova banda é mais comum do que se imagina. O trabalho dos jornalistas de cultura envolve o descobrimento e a aposta em novos artistas, pois o eventual sucesso deles é transferido simbolicamente para o seu "descobridor", agregando "competência crítica" e distinção ao seu olhar. A questão a ser pensada é: a partir de quais critérios de avaliação determinado jornalista elogia ou despre-

---

de informação e de tecnologias de modo a facilitar a distribuição de novos produtos, sem a dependência das grandes gravadoras sediadas em São Paulo e Rio de Janeiro. Acesse: www.foradoeixo.org.

23 Jamari França é autor da biografia dos Paralamas do Sucesso.

za o músico? E quais contornos essa relação entre os agentes sociais, músicos e jornalistas, dá ao campo de produção cultural?

A crítica cultural gera efeitos objetivos sobre a consagração ou o esquecimento de determinada obra e, é claro, de seus autores também. No caso do rock brasileiro dos anos 1980, a grande imprensa foi fundamental para a consagração das bandas enquanto "porta-vozes de uma nova geração", em especial da Legião Urbana e de seu líder, Renato Russo.

Anos 1980: Imprensa e efervescência cultural

me dera ao menos

xplicar o que ninguém co

Que o que aconteceu ainda é

E o futuro não é mais como e

Quem me dera ao menos uma v

provar que quem tem mais do qu

ase sempre se convence que nã

demais por não ter nada a dize

e dera ao menos uma vez

simples fosse visto

importante

espelhos e vimos um

menos

Eu queria escrever sobre o que eu queria ler, que era o que não tinha na imprensa brasileira. O que estava acontecendo no mundo, especialmente em cinema, música e literatura. [...] Havia uma defasagem entre a experiência da Europa e dos EUA e o que se via aqui, com censura, com a mediocridade imposta pelos militares.

Entrevista de Pepe Escobar a GONÇALVES (2008, p. 172)

Somos os filhos da revolução
Somos burgueses sem religião
Nós somos o futuro da nação
Geração Coca-Cola

("Geração Coca-Cola", Legião Urbana, 1985)

Novos atores na indústria cultural brasileira

Trazer à baila a articulação entre a música popular e jornalismo especializado pode soar um tanto esquisito e sem propósito para uma análise sociológica e histórica da consolidação do campo do rock brasileiro através da trajetória social da Legião Urbana, porque, como já detalhei na Introdução, esta relação não ganhou atenção analítica. Por que investigá-la? A autonomização de um campo de produção cultural requer, além dos artistas, um quadro de profissionais envolvidos com o trabalho artístico. Esses profissionais que emergiram na sociedade moderna ocidental – após a perda relativa de poder de compra e de patrocínio dos mecenas[1] (nobres, eclesiásticos) – são os críticos, os editores, empresários, os produtores artísticos etc. Esse quadro deve ser analisado junto com outras duas transformações no mercado de bens culturais: a ampliação e diversificação das instâncias de consagração e de legitimidade cultural (criação de revistas, prêmios, cursos universitários, programas de rádio e de televisão) e a constituição de um público consumidor também amplo e diversificado de tais obras. Essas são as condições materiais, segundo Bourdieu (1974), para a autonomização relativa de um campo de produção de bens simbólicos em relação às outras esferas da sociedade: a religiosa, a econômica e a política. É relativa por que o campo de produção cultural sofre pressões do campo econômico, o qual age segundo critérios para a obtenção de lucro financeiro e não para a conquista de legitimidade artística junto às instâncias de consagração. Nesse sentido, retomaremos adiante, a tensão vivida pelos artistas do rock brasileiro dos anos 1980, que passaram a vender milhares de discos e a lotar estádios em suas apresentações, na luta para não serem vistos como "artistas comerciais".

A década de 1980 foi o período em que músicos e jornalistas especializados estiveram muito próximos, quando novos atores emergiram e conquistaram posições de prestígio na indús-

---

[1]   Sobre a relação entre artistas e mecenas, ver HASKELL (1997).

tria cultural. Bandas e jovens jornalistas estabeleceram estreitas relações, em razão de terem acumulado, durante a adolescência, conhecimentos sobre a música pop e rock, viajado ou mesmo morado no exterior, e de terem cultivado certo desprezo pela MPB, estilo hegemônico no campo da música popular até os anos 1980. Nas palavras de Bourdieu (1996, p. 265), para esses novos agentes "é o universo das opções possíveis que se encontra modificado, podendo as produções até então dominantes, por exemplo, serem remetidas à condição de produto desclassificado ou clássico".

Quando o diferente, como nos fala Bourdieu, alcança a existência social, ele modifica as relações de poder estabelecidas, os modos de produção do trabalho e os critérios de avaliação e de escolhas. A sua diferença emerge para o palco principal. É exatamente o que o depoimento do jornalista Pepe Escobar e parte da letra de Geração Coca-Cola, na epígrafe deste capítulo, expressam. Duas fontes com formas distintas, uma letra e um depoimento, mas que se aproximam pelo olhar dirigido para o dado internacional, e não para a consagrada cultura brasileira por excelência.

London Calling[2]

Na canção da Legião Urbana existe uma visão sarcástica da geração dos anos 1980 que cresceu consumindo os "enlatados" dos EUA em virtude da censura da ditadura militar:

> Quando nascemos fomos programados
> A receber o que vocês nos empurraram
> Com os enlatados de USA, de 9 às 6
> Desde pequenos nós comemos lixo

---

2   "London Calling" ("Londres Chama") é uma música da banda inglesa The Clash lançada no LP homônimo em 1979.

Comercial e industrial
Mas agora chegou a nossa vez
Vamos cuspir de volta o lixo em cima de vocês

"Geração Coca-Cola" foi lançada no primeiro LP da Legião Urbana, em janeiro de 1985. É possível ligá-la a uma série de acontecimentos: a história do rock no Brasil; o desenvolvimento dos meios de comunicação; as influências do punk rock inglês[3] a partir do fim dos anos 1970 e a diferença temporal e de referências políticas e culturais entre as gerações dos anos 1960 e 1980, quando a cultura do nacional-popular deixou de determinar formas e conteúdos à música popular brasileira. "Somos os filhos da revolução" faz referência ao Regime Militar instaurado em 1964, com o Golpe que depôs o Presidente eleito João Goulart. O Regime foi defendido pelos militares como uma "revolução" que restabeleceria a ordem política, econômica e moral no Brasil, livrando-o dos ventos comunistas trazidos pela Revolução Cubana (1959) e pela vitória da esquerda nacional nas eleições regionais de 1962. A princípio a intervenção militar deveria ser curta: o país logo voltaria à democracia quando a contenção da inflação e o desenvolvimento econômico fossem uma realidade. Como o Golpe não possuía base legal para o exercício do poder, realizaram uma aliança com a UDN (União Democrática Nacional), partido anti-populista, no primeiro ano de governo para auxiliá-los na legitimação do Regime. Além da legitimação interna, o novo governo reivindicava apoio internacional, sobretudo dos EUA que procuravam conter a influência da União Soviética na América Latina. Rapidamente os militares

---

3   No próximo capítulo há uma análise sobre o movimento punk e o que ele significou para a formação da Legião Urbana.

tiveram êxito, os EUA reconheceram o regime "menos de 48 horas depois de o presidente do Congresso ter declarado vaga a presidência da república" (SKIDMORE, 2000, p. 229).

Outra referência contida em Geração Coca-Cola diz respeito a presença dos meios de comunicação no cotidiano dos que cresceram sob o regime: desde pequenos nós comemos lixo comercial e industrial. Sustentado por forças internas e com o apoio dos americanos, a ditadura brasileira promoveu o capitalismo industrial, intensificando as medidas econômicas implementadas no governo de Juscelino Kubitschek. Nesse sentido, os meios de comunicação receberam grandes investimentos na sua infra-estrutura. A televisão foi o meio que alcançou maior popularização. Em 1960 existia menos de 600 mil aparelhos no país; em 1986, um ano depois da redemocratização, o total era de 26,5 milhões, conforme os dados de Skidmore (2000). Para Renato Ortiz (1989) a consolidação da TV ligava-se à ideia de veículo da "integração nacional"; vinculava-se, portanto, à proposta de construção da moderna sociedade, ao crescimento econômico e à unificação dos mercados locais. A concepção de "nação integrada" representava a interligação dos consumidores em território nacional para os empresários. E para o governo significava a manutenção da ordem político-social submetida à sua razão, por isso ele via a esfera cultural como estratégica para o poder. A particularidade observada por Ortiz com relação ao impulso da indústria cultural nacional é o próprio Estado militar fomentá-la. Ele é o agente da modernização, mas sua racionalidade incorpora uma dimensão coercitiva quando os produtos culturais passavam pelo crivo da censura.

Portanto, a "geração coca-cola" crescida durante a consolidação da indústria cultural – tendo seus produtos submetidos à razão dos governos – pretende corajosamente, com a abertura política, "cuspir de volta todo o lixo". Contudo, a letra soa altamente irônica: O que se poderia esperar de uma geração denominada Coca-Cola – um ícone do consumo global – que cresceu alimentada pela produção cultural permitida pela censura, na qual incluía os "enlatados de USA"?

Implicitamente, Geração Coca-Cola dialoga com canção "God Save the Queen", de autoria da banda punk inglesa Sex Pistols, no que concerne ao distanciamento e à crítica a um passado recente, rejeitando o ambiente social em que esses jovens cresceram:

> God save the Queen
> Her fascist regime
> It made you a moron
> A potencial H bomb
> God save the Queen
> She ain't no human being
> There is no future
> In England's dream
> [...]
> No future for you
> No future for me
> No future no future for you[4]

God Save the Queen é o primeiro verso do hino britânico. Os Sex Pistols deram a ele uma conotação irônica e sarcástica para questionar o poder de Elizabeth II. Em 1977, ano de lançamento dessa música, a rainha estava completando o jubileu de prata (25 anos de reinado) e o celebrou com uma pomposa festa. É claro que

---

4   "Deus salve a rainha/O regime fascista/Fez de você um cretino/Bomba-H em potencial/Deus salve a rainha/Ela não está sendo um ser humano/Não há futuro nos sonhos da Inglaterra/Não há futuro para você/Não há futuro para mim/Não há futuro, não há futuro para você".

não poderia ser uma festa modesta, tratando-se de uma monarquia. Foi uma celebração em um momento em que o país passava por uma grave crise econômica e por altos índices de desemprego, sofrido, principalmente, pela juventude das classes baixas. A letra em primeira pessoa do plural (nós) coloca os indivíduos como oprimidos pela sociedade em que cresceram e, como consequência, de forma irônica, dizem que eles são o futuro, ou melhor, o não-futuro da sociedade britânica:

> When there's no future
> How can there be sin
> We're the flowers
> In the dustbin
> We're the poison
> In your human machine
> We're the future
> You're the future[5]

Também fazendo uso da primeira pessoa do plural, Geração Coca-Cola coloca em primeiro plano uma juventude sem boas perspectivas para o seu próprio futuro no Brasil:

> (refrão)
> Somos os filhos da revolução
> Somos burgueses sem religião
> Nós somos o futuro da nação
> Geração Coca-Cola

Mesmo esse "nós" rejeitando a sociedade em que vive, a canção da Legião Urbana termina transmitindo um ambicioso desejo

---

5   "Quando não há futuro/Como podemos estar em pecado/Nós somos as flores/Na lata de lixo/Nós somos o veneno/No sistema/Nós somos o futuro/Você é o futuro".

de realização e de trabalho "daqui pra frente", muito diferente do que expressa God Save the Queen, onde os indivíduos não se vêem como realizadores:

> Depois de vinte anos na escola
> Não é difícil aprender
> Todas as manhas do seu jogo sujo
> Não é assim que tem que ser?
> Vamos fazer nosso dever de casa
> E aí então, vocês vão ver
> Suas crianças derrubando reis
> Fazer comédia no cinema com as suas leis

Nesse sentido, a ambição de produzir algo e mexer nas estruturas ("Suas crianças derrubando reis/Fazer comédia no cinema com as suas leis") aproxima Geração Coca-Cola da nossa outra fonte: o depoimento de Pepe Escobar. A relação entre Brasil e Inglaterra/EUA estabelecida nas duas fontes coloca em primeiro plano um dos fatores que deu forma ao campo do rock no Brasil, consolidado nos anos 1980: a falta de ligação com a cultura do nacional-popular, muito influente nas artes até a década de 1970, e a afirmação de que os seus princípios de produção e de avaliação das obras culturais não condiziam mais com o cotidiano da juventude urbana de classe média, preenchido por informações culturais nada limitadas ao Brasil, apreendidas através da imprensa, da música, do cinema e da literatura dos EUA e da Europa, contemporâneos ao Brasil ainda em processo de redemocratização.

Petrônio Flávio Escobar França de Andrade é o pomposo nome de batismo do jornalista Pepe Escobar, nascido em 1954 na cidade de São Paulo e formado em jornalismo pela USP (Universidade de São Paulo). Ao voltar para o Brasil em 1982, aos 28 anos,[6] após uma temporada na Europa, inscreveu-se no concurso para redator e tradutor da Ilustrada, o caderno de cultura da *Folha de S. Paulo*. Lá começou a trabalhar escrevendo artigos e reportagens que iam da cultura pop à erudita, ao lado de outros jovens profissionais que estavam chegando ao Caderno. Entre eles estavam Matinas Suzuki Jr. e Caio Tulio Costa, que foram ambos editores-chefes. Até os anos 1980 a Ilustrada não era um caderno prestigiado e ouvido pelo circuito cultural; a sua ascensão coincidiu com a entrada desses novos profissionais, com o desmantelamento da ditadura militar e com a perda de importância dos cadernos de cultura do *Jornal do Brasil* e do *Globo*. Pepe Escobar relata qual eram as suas ambições e as de sua geração no jornalismo cultural brasileiro:

Entrevistador: Houve uma confluência de fatores naquele momento?

Pepe: Sim, a decadência da ditadura e a emergência de uma nova geração ambiciosa e talentosa. Toda aquela garotada que estava lá, aquele nosso grupo, era muito boa, todo mundo tinha um puta drive [conhecimento] e todo mundo estava trabalhando muito. A gente podia trabalhar 15, 16 horas por dia, tinha um espírito militante na Ilustrada. A gente queria fazer um caderno tão bom quanto um caderno americano [...] A gente queria e podia equiparar um caderno cultural do Brasil ao que os babacas do *New York Times* faziam ou ao que os ingleses e os franceses faziam nas revistas especializadas. Havia ali uma gana coletiva, não só a agenda individual de cada um dos garotos, como todos competindo entre si, especialmente pela capa. (GONÇALVES, 2008, p. 173)

---

6   Esses dados biográficos de Pepe Escobar foram retirados de GONÇALVES (2008).

ÉRICA RIBEIRO MAGI

Será que essa "garotada" trabalhava 15 horas por dia essencialmente para cumprir as ordens do editor ou para que suas ideias sobre música popular, cinema e literatura sobrevivessem a médio e longo prazo? Trabalhavam para que suas pautas, concepções e ideias sobre produção artística não acabassem junto com o jornal do dia anterior, utilizado para embrulhar peixes e verduras na feira, entre outros fins. É muito significativa essa tentativa de igualarem a cobertura da Ilustrada aos seus contemporâneos do *New York Times* e das revistas francesas e inglesas. Não importa aqui se o Pepe Escobar e seus colegas tiveram êxito, importa a relação estabelecida com o jornalismo cultural americano e europeu, e não com a agenda do nacional-popular, de forte presença na imprensa cultural brasileira até a consolidação do campo do rock brasileiro, com a emergência de novos atores tanto na esfera musical quanto no jornalismo. O parâmetro de trabalho deles pautava-se no modo de fazer jornalismo e música nos EUA e na Europa, sobretudo na Inglaterra. A seguir, Pepe explica como era o método de trabalho e o seu objetivo junto ao público:

Entrevistador: De uma maneira geral, a agenda da mídia, que vinha da época da abertura, era muito careta, pautada pelos temas da velha esquerda.

Pepe: Exatamente. Era "vamos falar bem da Elis Regina". Para você ter uma ideia, no primeiro dia que eu botei a palavra rockabilly na capa da Ilustrada foi uma comoção, porque ninguém sabia o que era rockabilly. "Por que um negócio desse, esquisito, anglófilo, na Folha?" Era bem complicado. Mas foi muito interessante, porque todo esse processo, na minha opinião, era acompanhado de um projeto de caráter didático. A gente tinha uma preocupação didática, no sentido de mostrar para os leitores o que estava acontecendo. Queríamos tirar esse atraso dos últimos 20 anos, o atraso desde 68, na verdade. Daí o fato de muitos de nós termos sido acusados de

A LEGIÃO URBANA DO UNDERGROUND AO MAINSTREAM

elitistas, vendidos, colonizados. As novas gerações não sabem, mas quem acompanhou a Ilustrada nessa época hoje pode ver, com maturidade, que houve essa dimensão didática, um trabalho cultural coletivo, de situar o leitor no começo dos anos 80. Eu me sentia como se tivessem aberto as cataratas do Iguaçu... [...]. (GONÇALVES, 2008, p. 173).

Apenas neste trecho da entrevista Pepe Escobar discorre claramente sobre uma das disputas no dia-a-dia da redação em torno de "novas" e "velhas" pautas: "Vamos falar bem da Elis Regina" – isto é, o jovem jornalista não poderia escrever o que ele queria se a "agenda da mídia" continuava essencialmente intacta há 20 anos. Para ele não havia sentido estar na Ilustrada se fosse para escrever sobre o que todos conheciam – no caso, a popular cantora Elis Regina. E admite que era "bem complicado" estar nessa disputa, porque defender pautas "internacionais", ou melhor, o que ninguém conhecia, dava motivo para ser apelidado de "elitista". Ser chamado de elitista significava também que o seu aprendizado e suas experiências obtidos, em grande parte, fora do Brasil não tinham a menor importância para os seus oponentes; não se convertendo em capital simbólico e de poder dentro do campo jornalístico. A sua trajetória pessoal corria o risco de não se transformar em uma forma específica de trabalho no jornalismo cultural, em princípios de avaliação, de produção de matérias e reportagens e sobre o que ou não falar. Reparem que Pepe não está falando de si mesmo apenas, ele argumenta usando a primeira pessoa do plural ("muitos de nós"), como também vimos em "Geração Coca-Cola" e em "God Save the Queen", está tratando da luta de jovens profissionais querendo um espaço legítimo e de prestígio para trabalhar a partir de suas experiências sociais.

ÉRICA RIBEIRO MAGI

Um leitor desavisado poderá pensar que o discurso de Pepe Escobar está exagerando a importância de um caderno de cultura no cotidiano dos leitores. Nas entrevistas feitas com Alex Antunes e Bia Abramo, ambos ex-leitores da "Ilustrada" dos anos 1980, pude perceber o entusiasmo ao falarem do Caderno e o que ele significou para que se tornassem jornalistas. Alex disse, inclusive, que os textos de Pepe Escobar eram a sua maior referência no jornalismo da época e que a Ilustrada era o caderno de cultura mais importante do Brasil, como também mencionou a Bia. A imprensa forma um público leitor e lhe oferece possibilidades de pensar a cultura, a política, a economia etc. de seu país e do mundo. A Ilustrada, nos anos 1980, conseguiu conquistar o público jovem de classe média e universitário contratando novos jornalistas que defenderam no interior do jornal pautas pouco ou nada reconhecidas até então. Outra conquista do caderno foi ter sido influência de futuros profissionais dos meios de comunicação, como mencionei: Alex Antunes e Bia Abramo, e também Álvaro Pereira Júnior e André Forastieri.[7] Pepe enfatiza o papel da Ilustrada no aprendizado desses leitores que vieram a ocupar posições de comando na indústria cultural:

---

7 Álvaro Pereira Jr. é o chefe de redação, em São Paulo, do programa Fantástico, da TV Globo, e tem uma coluna sobre literatura, música e cinema no caderno "Ilustrada", da *Folha de S. Paulo*, publicada quinzenalmente aos sábados. Escreveu uma coluna sobre música, chamada "Escuta aqui", caderno "Folhateen", do mesmo jornal, entre os anos de 1996 e 2011. André Forastieri começou a carreira como repórter da Ilustrada no final dos anos 1980, saiu de lá para ser o editor-chefe da revista *Bizz*. Hoje ele é o diretor editorial da "Tambor Gestão de Negócios", editora especializada em tecnologia e games; e mantém um blog sobre cultura (música, quadrinhos, games, cinema e literatura) no portal R7.

Entrevistador: Que tipo de público a Ilustrada formou?

Pepe: A geração um pouco mais nova nos lia e nos levava a sério. Eles eram o nosso público, o pessoal que começou a estourar culturalmente no fim dos anos 1980 e começo dos 1990. Gente que faz parte da elite brasileira hoje, em todos os setores. Muitos devem ter ficado perplexos com o que liam, mas o retorno que a gente recebia era forte. Tudo que saía na capa da Ilustrada virava lei no dia seguinte. Tudo: modos de vestir, coisas para ouvir, vídeos que ninguém tinha ouvido falar etc.

Quais eram essas pautas que o público desconhecia completamente? Num tempo em que não existia Internet, televisão a cabo e importar discos, revistas e livros era caro demais frente aos salários corroídos pela inflação no país, as informações trazidas pela Ilustrada ganhavam mais força simbólica e exclusividade para o seu jovem público, ávido por notícias que não encontrava em outros veículos da imprensa brasileira. A pesquisa que realizei nas edições da *Folha de S. Paulo* evidenciou um amplo espaço ao rock nacional e internacional do período, com direito a artigos longos, resenhas de discos, entrevistas e agenda de shows. Por trás desses textos estavam jovens jornalistas que levavam para a redação trajetórias pessoais e interesses semelhantes. O atual proprietário do Grupo Folha, Otávio Frias Filho, em entrevista a Gonçalves (2008), observou uma possível especificidade dessas trajetórias:

> Na opinião de Otavio Frias Filho, foi justamente pelo pop internacional e pelo cinema americano que os estudantes do período Geisel [1974-1979] teriam começado a "despolitizar a esfera artístico-cultural", dispondo-se "a aceitar a cultura industrial não como uma catástrofe, mas com um fato". "Ao migrar para a imprensa", diz ele, "parte dessa geração de estudantes politizados fez uma espécie de "revolução" na cobertura de artes e espetáculos, ao encontrar os cadernos culturais congelados no repertório da resistência

ao regime militar, no programa que essencialmente ainda era o nacional-popular do CPC [Centro Popular de Cultura]. (GONÇALVES, 2008, p. 75).

A especificidade está nas experiências em que esses futuros jornalistas tiveram com o dado internacional, pop e o cinema americano, que entrou em suas vidas como algo "natural", e não pelos princípios de julgamento do nacional-popular.

A fala de Pepe Escobar traz de maneira singular a experiência coletiva de jovens profissionais envolvidos e interessados pela música pop e pelo rock no Brasil do início dos anos 1980. E o que a brasiliense Legião Urbana tem a ver com isso? Retomando a ideia do início deste capítulo: a consolidação de um campo do rock em nosso país dependeu do trabalho conjunto entre dois setores da indústria cultural: as principais gravadoras (*majors*) e a grande imprensa, setores que continuam centralizados no eixo Rio – São Paulo. Uma maneira para entendermos esse processo de consolidação dessa nova geração de profissionais (roqueiros, jornalistas e produtores musicais), como a sua diferença tornou-se "natural" aos nossos olhos hoje em dia, é apontar, primeiramente, quais eram as gravadoras e os veículos de imprensa que, por forças internas, advindas de novos profissionais que implementaram mudanças, conferiram ao rock brasileiro espaços de produção, de divulgação e de avaliação por parte de uma crítica também em processo de profissionalização, como vimos na entrevista com Pepe Escobar.

Em São Paulo existia uma movimentação em torno das, ainda, anônimas bandas de rock desde o final dos anos 1970. *Fanzines*, como o *Spalt*, eram feitos e distribuídos entre os frequentadores dos shows realizados em casas noturnas alternativas (Napalm, Carbono 14, Madame Satã) do centro da cidade, trazendo as letras das canções, resenhas de discos e as novidades do cenário do rock internacional, sobretudo, acerca do estilo pós-punk inglês; na periferia da cidade surgiam bandas de punk-rock, formadas por jovens de classe baixa. Também em Brasília surgiram várias bandas de punk-rock, mas a diferença é que seus membros eram de classe média alta. Eles escreviam *fanzines* também, tocavam em lanchonetes do Plano Piloto em troca de sanduíches, depois vieram a se apresentar na UnB (Universidade de Brasília) e em festivais de colégios. No Rio de Janeiro, a lona do Circo Voador, montada na praia do Arpoador em 1982, foi o local das primeiras apresentações do Barão Vermelho, da Blitz, dos Paralamas do Sucesso e do Kid Abelha & Os Abóboras Selvagens (antes delas assinarem contrato com alguma gravadora). Uma alternativa estação de rádio FM de Niterói, chamada Fluminense, recebia as fitas demo[8] dessas e de outras bandas e as colocava no ar. 1982 é o ano em que estoura o primeiro sucesso do que passaria a ser chamada pela crítica, e pelo público, de "rock brasileiro", a música "Você não soube me amar", da Blitz, gravada sozinha num compacto[9] pela multinacional EMI-Odeon e atingindo a marca de um milhão de cópias.

Essas movimentações ou circuitos de sociabilidade em torno das bandas, que aconteciam inicialmente fora do *mainstream*, prenunciavam a existência de um público interessado em discos de rock, em informações sobre as bandas internacionais, em shows e,

---

8 "Fita-demo" (fita demonstração) era uma gravação caseira de músicas em fitas K7, feitas pelas próprias bandas, para serem distribuídas em gravadores e estações de rádio.

9 "Compacto" era um disco de tamanho menor destinado a gravação de duas músicas. Geralmente eram artistas e bandas novas quem gravavam compactos, e dependendo da repercussão, faziam um LP (long play).

ÉRICA RIBEIRO MAGI

dentro desse mesmo público, havia aqueles que queriam mais do que continuar ouvindo os discos dos Beatles, Sex Pistols, do Clash e companhia: desejavam serem músicos profissionais do rock. E para que isso fosse possível nos anos 1980, o candidato a "roqueiro de profissão" precisava saltar a barreira da marginalidade imposta no campo da música popular brasileira pelas gravadoras e pela grande imprensa.

O processo de consolidação do rock nos anos 1980 aconteceu na grande imprensa e nas gravadoras. Não por acaso, empresas sediadas no eixo Rio – São Paulo. O *Jornal do Brasil*, o *Globo*, a *Folha de S. Paulo*, o *Estado de São Paulo*, a revista *Bizz*; e as gravadoras multinacionais EMI-Odeon, a Warner Music (WEA), a Polygram, a CBS e a BMG e a brasileira Som Livre, pertencente às Organizações Globo. Cada um desses espaços foi ocupado por jovens em processo de profissionalização.

Na cidade de São Paulo, vários desses jovens jornalistas tiveram a experiência de terem participado ou, ao menos, presenciado o revigoramento e a reorganização do Movimento Estudantil da Universidade de São Paulo (USP) durante os anos 1970. Entre as principais tendências políticas do Movimento tínhamos a "Refazendo", "Caminhando" e "Liberdade e Luta" (conhecida como Libelu),[10] que discutiam como deveria ser a atuação dos estudantes contra o Regime Militar, já que a luta armada não vinha tendo sucesso:

> As divergências entre as tendências referiam-se à posição político-ideológica seguida por cada uma. Refazendo e Caminhando tinham posições mais próximas por ocasião das ligações com a AP [Ação Popular] e o PC do B [Partido

---

10 Sobre a atuação dessas tendências no Movimento Estudantil da USP nos anos 1970, tomo como referência a dissertação de Jordana de Souza Santos (2010).

Comunista do Brasil], enquanto Libelu pautava-se pelas concepções trotskistas derivadas da Quarta Internacional 39. Estas diferenças teóricas geravam confrontos no ME [Movimento Estudantil], pois as tendências disputavam a liderança do movimento e cada qual concebia como ideal o seu modo de luta e de análise para o momento. (SANTOS, 2010, p. 46)

Esses novos profissionais que foram trabalhar na grande imprensa participaram também dos debates e das disputas em torno do movimento estudantil na Universidade de São Paulo (USP) em fins dos anos 1970 – quando eram alunos da Escola de Comunicações e Artes (ECA). Experiências que contribuíram para a formação de jornalistas preocupados com outra "agenda" em relação à área cultural e uma visão menos estreita do papel da indústria cultural. Para se entender esse processo de mudança do status do rock e, em geral, da música internacional no jornalismo cultural brasileiro, é preciso retomar e adensar sua história. Houve uma confluência entre as experiências desses jovens profissionais e as novas demandas e estratégias pensadas por determinados editores.

Alex Antunes, Thomas Pappon, Cadão Volpato e Celso Pucci (Minhok), que em pouco tempo estariam iniciando a carreira na grande imprensa paulista, foram alunos da Escola de Comunicação e Artes, da USP, se envolveram com o movimento estudantil em fins dos anos 70 e fizeram parte da Libelu. Estavam, portanto, inteirados dos debates e das lutas pela redemocratização e sensibilizados com os rumos que a esquerda partidária estava tomando, com a fundação do Partido dos Trabalhadores (PT) e da Central Única dos Trabalhadores (CUT) e de que maneira ela pensava a produção cultural brasileira. Alex comenta sobre a sua atuação e dos amigos no movimento estudantil:

ÉRICA RIBEIRO MAGI

Alex: E quando eu entrei na universidade... Na ECA tinha um acervo legal de filmes e nessa época também, 1978, 1979, 1980, tinha um bom circuito de filmes e eu frequentava. Aí fui completando o meu interesse por cinema de arte, cinema europeu. Aí lá pelo segundo ano eu fiz uma transferência pra Cinema, mas também não estudei com muito afinco não, porque eu estava muito envolvido com o movimento estudantil. Eu entrei primeiro pra uma tendência estudantil, a Libelu, e depois eu entrei pra uma organização política, uma organização trotskista de estudantes. E durante um tempo eu me dediquei muito a isso, a gente usava nome de guerra, a gente era investigado pela polícia política, a gente marcava encontros políticos clandestinos, eram encontros na beira de uma estrada onde era um seminário de padres, e a gente alugou esse lugar, que era um lugar alto que dava vista pra estrada e do outro lado ficava sempre um Opala estacionado e o cara olhando na nossa direção com um binóculo (risos). Na verdade, eles estavam comunicando à gente que a gente estava sendo controlado pela polícia política. Em 1979, 1980 já não é um período onde se matavam gente, então foi uma época interessante de se fazer política por vários motivos: o movimento estudantil ainda tinha importância, a própria fundação do PT, grandes manifestações de rua, greve dos jornalistas em 1979. A partir de 1980, o movimento operário começa a se organizar muito rapidamente, tem a fundação do PT, a fundação da CUT, e aí o movimento estudantil fica meio rebaixado, muito voltado... O movimento estudantil era muito chato.

Érica: Fica voltado pra questões internas, eu acho.

Alex: É questão interna. Em 1978, 1979, 1980 ainda é muito legal, porque mesmo as lutas internas nossas, teve a tomada do DCE que a Libelu ganhou, tem a re-fundação da UNE.

Érica: Quem era da sua turma? Eram os mesmos que trabalharam com você na *Bizz*?

Alex: Eram. Tinha o Thomas, o MinhoK e o Cadão Volpato, o Eugênio Bucci, que foi pra Política. A gente tinha um nível bom de discussão política e artística, e a gente foi de um grupo muito legal, um grupo ligado aos trotskistas, mas também ligado ao surrealismo, às vanguardas europeias. E uma das razões da gente virar trotskistas é por que o Trotski era um cara simpático ao surrealismo, tinha uma visão um pouco mais sofisticada do que outros líderes revolucionários, o que a gente acabava reconhecendo nas tendências. O PC do B tinha uma discussão cultural bem tosca, a do PT era um pouquinho melhor, mas não muito. Eles colocavam a questão do nacional e popular, e a gente se aproximou da Libelu, porque a Libelu gostava de rock and roll, era a única festa de esquerda que tocava Rolling Stones (risos). E a Libelu também simpatizava com o Caetano e Gil. E em 1978, 1979 a gente já tava tendo influência do punk e do pós-punk, e aí a gente era recebido de braços abertos nas festas da Libelu, porque a gente só tocava uns negócios muito maneiros: B52, Sex Pistols, Gang of Four (risos). Foi legal! E esses anos de militância me deram uma base política e pras outras pessoas que passaram pela *Bizz*.

O modo como se pensava a cultura brasileira, sobretudo, nos anos 1960, estava, sob o ponto de vista desses jovens jornalistas, datado e ultrapassado. Enquanto uma cultura política, o nacional e popular ainda se fazia presente nos debates da esquerda, mas não correspondia à realidade dos anos 1980. Esse olhar e interesse pelos bens culturais anglo-americanos são interpretados como resultado do processo de "mundialização da cultura":

> Também na França a pop music supera as "velhas" canções. Não se trata porém de uma mera preferência dos jovens, ela se associa a todo um modo de vida – frequência às casas noturnas, concertos, shopping centers etc. As rádios FM, que massivamente as veiculam, não são apenas um meio de comunicação, mas instâncias de consagração de um determinado gosto, intolerante com o estilo *chansonnier*. No Brasil, o conflito entre rock x samba revela a mesma contradição. Enquanto símbolo da identidade nacional, isto é, um valor aceito internamente, o samba vê-se ameaçado por uma musicalidade estranha às suas raízes históricas. Na verdade, nos

> encontramos diante de um fenômeno mundial, no qual as novas gerações, para se diferenciarem das anteriores, utilizam símbolos mundializados. A ideia de sintonia surge assim como elemento de distinção social. Escutar rock-and-roll significa estar sintonizado com um conjunto de valores, vividos e pensados como superiores. (ORTIZ, 1994, p. 202).

Trata-se de um "fenômeno mundial", e no Brasil dos anos de 1980 este se tornou evidente. Tão evidente que o "silêncio" de parte da intelectualidade em torno da "cultura de massa", nas palavras de Ortiz (1989), acabou. Definitivamente, a indústria cultural, consolidada por aqui desde as décadas de 1960 e 1970, era percebida enquanto um problema sociológico. E a emergência agressiva do rock brasileiro foi um dos responsáveis por essa mudança de perspectiva, não demorando muito para surgirem os primeiros trabalhos nas Ciências Sociais sobre o estilo musical (Aguiar, 1989; Abramo, 1994; Groppo, 1996; Santa Fé Jr, 2001).

Brasília e a Música Urbana

sso mundo:
e demais nunca é o bas
primeira vez é sempre a ú
Ninguém vê onde chegamos:
Os assassinos estão livres, nós n

Vamos sair, mas não temos mais c
Os meus amigos todos estão procu
Voltamos a viver como há dez anos
a cada hora que passa
velhecemos dez semanas

s lá, tudo bem, eu só quero me div
er dessa noite, ter um lugar legal
amos o alvo e a artilharia
os nossas vidas
s que um dia
possam se encontrar
ndo de viver

A influência punk

A emergência dessa geração de roqueiros brasileiros foi impulsionada e nutrida, inicialmente, pelo movimento punk, eclodido na Inglaterra e em Nova York na segunda metade dos anos 1970. O estilo punk-rock rompeu com a sofisticação e o virtuosismo do rock progressivo vigente à época, propondo o lema *do it yourself* (faça você mesmo) aos jovens que tinham o desejo de tocarem rock, mesmo que não tivessem a técnica e o conhecimento musical legitimados pelo rock progressivo, porque isso não poderia ser mais importante do que a vontade de sair do anonimato social, tocando a sua música. A vestimenta dos punks era outro elemento característico, usavam jeans rasgados, camisetas velhas, alfinetes espetados. Os cabelos eram curtos, coloridos e espetados.

Bandas como as inglesas Sex Pistols e The Clash e a nova-iorquina Ramones tiveram o "privilégio" de terem suas músicas tocadas pelas iniciantes bandas punks brasileiras. No Brasil, o punk teve ressonância nas cidades de São Paulo, Brasília, Salvador e no Rio de Janeiro em fins dos anos 1970, reunindo grupos de jovens com o mesmo desejo de terem a sua própria banda, que estavam sempre buscando informações sobre o rock internacional aonde pudessem encontrar, mas a dificuldade parecia ser enorme na mídia nacional, de acordo com o levantamento feito por Helena Abramo (1994):

> Em 1977, a revista *Pop* lançou uma coletânea de músicas de grupos ingleses e norte-americanos intitulada *Punk Rock*. Posteriormente, foram lançados no Brasil alguns discos de bandas como os Ramones, Sex Pistols e Clash. Mas a divulgação foi muito pequena e restrita e, naquele momento, não houve qualquer repercussão ou desdobramento em termos de exploração comercial. Até 1979, não havia nenhum programa de rádio ou televisão que veiculasse esse tipo de música. Não havia sequer, como mais tarde veio a acontecer, exploração pela mídia de elementos do estilo punk como signos de modernidade. Pode-se afirmar, portanto, que no Brasil o interesse dos garotos pelo punk começou a instalar--se independentemente de estratégias de marketing e até mesmo relativamente ao largo da *mass media*. (p. 92, grifos).

É muito importante salientar que a formação de bandas punks nos principais centros urbanos do Brasil não foi, sobretudo, motivada pela nossa indústria cultural. Ela oferecia pouquíssimas informações sobre o punk-rock e, lembrando que, no final da década de 1970, a música direcionada ao público jovem que recebia investimentos da mídia era a "disco".[1]

Em Brasília, as bandas foram formadas por adolescentes de classe média alta, filhos de diplomatas, de professores universitários e de altos funcionários do governo federal. Renato Manfredini Jr., o futuro "Renato Russo" na guitarra, Felipe Lemos na bateria e André Pretorius no contrabaixo, filho do embaixa-

---

[1] Por exemplo, a música "disco" era trilha sonora da novela *Dancing Days*, da TV Globo, exibida em 1978; do filme norte americano *Os embalos de sábado à noite*, de 1979, que fez grande sucesso.

dor da África do Sul, formaram a primeira banda de punk-rock da capital federal, em 1978, chamada Aborto Elétrico. Logo, André precisou voltar à África do Sul para cumprir o serviço militar, entrando para o grupo Flávio Lemos, irmão de Felipe. Inicialmente, o Aborto Elétrico se reunia na "Colina", que era o nome do conjunto de prédios dentro da Universidade de Brasília (UNB) destinado à moradia dos seus professores. Foi o primeiro local de encontro deles, porque Felipe e Flávio Lemos moravam lá com os pais. Estes ensaios eram frequentados por outros jovens que moravam próximos à UnB, como Loro Jones e seus irmãos e André Mueller. Essa turma se auto-intitulou de Turma da Colina. Após um tempo, Flávio e Felipe se mudam da Colina para uma residência no Plano Piloto; e os ensaios e shows da banda, antes limitados pelo espaço da universidade, passaram a ocorrer na cidade, em lanchonetes, nos colégios e no porão de um bar chamado "Cafofo". Consequentemente, outros jovens são atraídos e a movimentação punk cresce pela planejada capital. E novas bandas surgem pelo Plano Piloto: Elite Sofisticada, XXX, Blitx 64, Plebe Rude, Os Vigaristas de Istambul, Metralhas e Dado e o Reino Animal.

Contudo, como essa turma de punks tinha acesso às notícias e aos discos de punk-rock se estes não recebiam os investimentos maciços da indústria cultural brasileira? A jovem capital, inaugurada em 1960, aparecia somente no noticiário como a cidade que hospedava os poderes federais e as suas decisões. Não se imaginava que Brasília pudesse também ser um centro irradiador de informação e de troca de discos entre os moradores e os recém-chegados do exterior, cheios de novidades para compartilhar, durante os anos de 1970. Principalmente, os que chegavam de fora traziam muitos discos de rock na bagagem a essa cidade sem tradição de

ÉRICA RIBEIRO MAGI

produção musical. A turma produziu, numa cidade tão desenraizada culturalmente, uma música desterritorializada, capaz de se ajustar à realidade de qualquer canto ocidentalizado. As trajetórias dos principais personagens evidenciam as experiências comuns que os uniram numa turma de amigos: muitos haviam morado em importantes cidades dos Estados Unidos e da Europa, assim como a paixão pelo rock e a sensação de estranhamento ao desembarcarem em Brasília. Com a "explosão" do punk-rock veio o empurrão para formarem a própria banda.

Trajetórias cruzadas

Renato Manfredini Júnior, o "Renato Russo", nasceu em 27 de março de 1960 no Rio de Janeiro, era filho de Maria do Carmo Manfredini, professora, e Renato Manfredini, economista e ex-assessor da presidência do Banco do Brasil.[2] Em 1968, seu pai conquista uma bolsa de estudos em Nova York, para onde toda a família se muda. Retornam ao Rio de Janeiro em 1970. Pouco tempo depois, em 1973, ele é transferido para Brasília. Parte da adolescência de Renato, dos 15 aos 17 anos, foi permeada pela epifiólise, uma doença que dissolveu a cartilagem que ligava o fêmur esquerdo à bacia, impedindo-o de andar. Acabava passando boa parte do tempo em casa, porém continuou a estudar e fazia as provas enviadas pelo Colégio Marista. Foi um período produtivo para as suas leituras. Conheceu as poesias de William Shakespeatre, P. B. Shelley, W.H. Auden, Allen Ginsberg, Jean Arthur Rimbaud, Charles Pierre Baudelaire, Fernando Pessoa e seus heterônimos, Carlos Drummond de Andrade, Adélia Prado etc. Quanto à Filosofia, teve

---

2   Os dados sobre os pais de Renato Russo foram retirados de MARCELO (2009).

contato com a coleção "Os Pensadores". Leu biografias de artistas do cinema e da música e jornais de música ingleses que eram vendidos em Brasília, como o *Melody Maker*, editado em Londres.

Durante esse processo de recuperação da doença e de leituras, criou uma banda de rock imaginária, chamada 42nd Street Band, e adotou o heterônimo "Eric Russel". Renato deixou escrita a biografia do grupo, criou matérias de jornais e desenhou as capas dos discos. Arthur Dapieve (2000b) nos conta que, usando o nome "Eric Russel", Renato escreveu uma carta ao jornal musical *Melody Maker*, em 1979, por ocasião da morte de seu ídolo Sid Vicious, baixista dos Sex Pistols. A vontade de ter uma banda já se fazia presente antes da eclosão do movimento punk.

Em 1977, Renato recupera-se da doença, colocando um pino na perna. É quando ouve pela primeira vez o estilo punk-rock através, segundo Dapieve (2000b), de uma coletânea organizada pelo produtor musical e jornalista Ezequiel Neves para a revista *Pop*, da Editora Abril, já mencionada no trecho citado de Abramo (1994). Enfim, o punk-rock entra em cena para marcar os primórdios das primeiras bandas da capital federal e do rock brasileiro dos anos 1980. Nesse mesmo ano, ele ingressa no curso de Jornalismo na UnB, começa a trabalhar como professor de inglês na escola Cultura Inglesa, onde tinha acesso a mais discos e revistas importados e onde conheceu mais pessoas que viajavam para a Europa e retornavam cheias de novidades sobre a produção musical.

No ano seguinte, Renato e Felipe Lemos se conheceram em uma festa:

> Chegando lá tinha uns discos encostados no chão. Não conhecia ninguém e fui dar uma olhada. Vi Sex Pistols, Clash. "Meus Deus, quem é que tem esses discos em Brasília?!" Até então achava que só eu. Aí apresentaram o dono dos discos e conheci o Renato. Ficamos amigos instantaneamente. Frequentava a casa dele, onde ficávamos ouvindo som e trocando ideias. Veio então a vontade de fazer a banda.[3]

O isolamento do resto do país e na própria capital era tamanho que Felipe se surpreendeu quando descobriu que outra pessoa gostava dos mesmos discos que ele. Os discos circulavam pela cidade através de fitas gravadas por ele e outro recém-chegado da terra dos Sex Pistols, André Mueller, que entraria depois para a Plebe Rude.

A formação do Aborto Elétrico se concretizou quando Renato conheceu André Pretórios, filho do embaixador sul-africano, e que logo seria substituído por Flávio Lemos, assumindo o contrabaixo. Felipe (1962) e Flávio Lemos (1963) são filhos de um professor do curso de Biblioteconomia da UnB, nasceram no Rio de Janeiro e durante o ano de 1977 moraram na Inglaterra por conta de estudos do pai. Estavam exatamente no meio do furacão da cena punk e, assim, puderam assistir às apresentações das bandas. Na volta ao Brasil, os irmãos trouxeram uma respeitável coleção de discos do novo estilo.

Desconhecendo a existência de bandas punks no restante do país, o Aborto Elétrico iniciou os ensaios em 1979 porque a bateria que Felipe importou da Inglaterra demorou a chegar. Começaram fazendo covers dos Ramones e Sex Pistols. O primeiro show da banda aconteceu em 11 de janeiro de 1980 no bar "Só Cana", localizado no Lago Sul, e ainda com André Pretorios no grupo. Essa pri-

---

3   Depoimento de Felipe Lemos a Guilherme Bryan (2004, p. 19).

meira apresentação repercutiu entre os jovens na cidade porque Pretorios cortou o dedo na corda do baixo e, mesmo assim, continuou tocando. As notas soaram cheias de sangue.

Eis um registro fotográfico do Aborto Elétrico:

Da esquerda para direita e sem sorrisos: Renato Russo, usando jeans rasgado e fumando cigarro, Felipe e Flávio Lemos, também vestindo calças velhas, com o Aborto Elétrico, em Brasília. (Essa foto não tem data precisa)

(Fonte: www.legiaourbana.com.br)

Renato cria e assume o sobrenome artístico "Russo" em referência aos filósofos Bertrand Russel e Jean Jacques Rousseau e ao pintor Henri Rousseau. De Renato Manfredini Júnior para Renato Russo, um nome que o aproxima, simbolicamente, de pensadores de porte. Antes de ser um músico, Renato era um leitor. Bia Abramo, entrevistando Renato para a *Bizz*, em 1987, perguntou-lhe sobre isso:

ÉRICA RIBEIRO MAGI

Bizz: De onde você tirou esse nome?

Renato: É porque, desde pequeno, eu tinha minhas bandas imaginárias. Ainda mais que eu sou fã do Fernando Pessoa e, quando descobri que ele tinha os heterônomos*, eu inventei logo os meus. Eu tinha uma banda chamada Forty Second Street Band, que era até com o Jeff Beck e com o Mick Taylor, eu era um cara chamado Eric Russel. Eu achava esse nome a coisa mais linda do mundo e aí eu era louro e lindo e cheio de gatinhas... Depois, tinha o Rousseau*, o Jean Jacques, eu gostava daquela coisa do nobre selvagem... Daí tinha o Henri Rousseau, um pintor que eu amo... e o Bertrand Russell, que eu acho um cara muito legal. Ele escreveu uma coisa bacana, a História da Filosofia Ocidental. Ele fala – não sei se é ele ou o Toyubee – que a grande contribuição do século XX – e o rock'n'roll está incluído – vai ser a união de todas as nações numa só, (pausa). Acho que o grande mal da civilização ocidental é não ter contato com a oriental. Todo esse pessoal proclama verdade, verdade, verdade e não chega a solução nenhuma... Daí vem o Lao Tsé e fala: (Renato imita a voz do Mestre, do seriado Kung Fu) "Certo, não há resposta para nada porque há resposta para tudo".[4]

O Aborto Elétrico passa a se apresentar pelo Plano Piloto e Renato Russo começa a escrever as letras. A antiga Turma da Colina cresce, atraindo a atenção de outros adolescentes, como a de Dinho Ouro-Preto:

> Um dia estava voltando da escola, passei na Foods [lanchonete] e estavam tocando esses punks malucos na calçada. Era a coisa mais impressionante e surrealista. Fazendo puta barulheira. E, naquela época, eu só escutava o rock dos anos 1970. Então, não gostei da música. Não foi o que me atraiu, mas, sim, a atitude desses caras [Renato Russo, Flávio e

---

4   Entrevista de Renato Russo à Bia Abramo. Revista *Bizz*, Editora Azul, ed. 21, abril de 1987, p. 28-29).

Felipe Lemos] tocando no meio da rua. Aí comecei a procurá-los e meio querer entrar na turma. Acabou acontecendo e os convidei para a minha casa, pois meus pais tinham viajado. Dei uma festa e roubaram um monte de discos (risos).[5]

Fernando de Ouro-Preto, o "Dinho", nasceu em Curitiba (PR) em 1964, é filho de um diplomata brasileiro, morou em Washington (EUA) e Viena (Áustria) antes de chegar à capital brasileira aos doze anos de idade. Interessante é que ele não gostou da música ou do barulho emitido pelo Aborto Elétrico, pois Dinho tinha experiência prévia de escuta do rock que, aliás, se concentrava no estilo progressivo, vigente na década de 1970, o qual primava pela sofisticação das melodias e harmonias e por instrumentistas virtuosos – tudo o que o punk-rock confrontava. Renato, Dinho, Felipe e Flávio já ouviam rock antes do movimento punk existir. O que esse novo estilo de fazer rock e de comportamento proporcionou a eles foi a possibilidade de terem a sua própria banda, independente de serem "talentosos" ou não. Ligado a isso, eles personalizavam suas camisetas, rasgavam as calças, coloriam os cabelos, prendiam alfinetes nas roupas, criavam os cartazes dos shows e tinham um *fanzine*, escrito pelo Dinho.

Aos 19 anos, Dinho tornou-se o vocalista do Capital Inicial, onde está até hoje. No site oficial da banda, ele conta como conheceu o rock em Brasília:

> O rock entrou na minha vida quando eu tinha uns 12 anos. Andando pelas ruas da SQS 104 (isso é um endereço em Brasília!) eu conheci o Bi e o Herbert. Os Paralamas [do Sucesso] ainda não existiam, mas eles já eram amigos. Os

---

5   Depoimento de Dinho Ouro-Preto a BRYAN (p. 132, 2004).

dois eram um pouco mais velhos do que eu e meus melhores amigos eram o Pedro, irmão do Bi, e o Dado Villa-Lobos.

Sendo mais velhos, o Bi e o Herbert, ficavam mostrando pra gente o som que eles gostavam. Basicamente Led Zeppelin e Jimi Hendrix. Aliás, o primeiro disco que comprei na minha vida foi um ao vivo do Hendrix tocando "Sunshine of your love". Aos poucos fui descobrindo outras bandas bacanas, AC/DC, Queen, Thin Lizzy, Black Sabbath, Aerosmith e um [sic] milhões de outras. Aos treze anos o rock já era a coisa mais importante da minha vida. As paredes do meu quarto eram cobertas de fotos e posters dos meus heróis. Eu ia ver qualquer coisa que tivesse a ver com guitarra, baixo e bateria. Várias vezes íamos a shows só pra ver uma guitarra ou um baixo.

[...]

Eu e o Dado queríamos tocar de qualquer jeito, mesmo sem jamais termos posto a mão num instrumento. E então eis que surge o "Dado e o Reino Animal" (esse nome lindo saiu da cabeça do Herbert). Eu "tocava" baixo, o Dado guitarra, o Loro outra guitarra, o Bonfá bateria e um cara chamado Pedro tocava teclado. Pra resumir fizemos só um show, no qual o cabo do meu baixo se soltou e eu não percebi de tão bêbado que eu tava. Enfim, o show foi um desastre.[6]

Por que Dinho escreveu esse texto e o disponibilizou na internet? Ele não está contando apenas um pouco de sua trajetória, está relatando também a rede de relações e de amizade entre adolescentes que, por sua vez, colocaram Brasília no cenário de produção musical a partir dos anos 1980,[7] tirando discretamente o foco do eixo Rio – São Paulo. O inusitado dessas trajetórias é o elemento que permeia

---

6 Texto de Dinho Ouro-Preto, extraído do site oficial de sua banda http:// capitalinicial.uol.com.br/biografia/, acesso em 15/03/2010.

7 Brasília continua sendo um importante local de produção musical. Há 15 anos é organizado na cidade o festival "Porão do Rock" que dá espaço

a narrativa do vocalista: "andando pelas ruas da SQS 104 eu conheci o Bi e Herbert". Tão espontâneo quanto foi a transformação deles em músicos, sem terem passado por um aprendizado formal em música na academia ou no conservatório: "Eu e o Dado queríamos tocar de qualquer jeito". Outras formas de aprendizado foram buscadas por eles durante o processo de consolidação do rock nacional como condição necessária para se tornarem músicos de rock.

Eduardo Dutra Villa-Lobos (1965), o "Dado", é filho de um diplomata brasileiro e sobrinho-neto do compositor Heitor Villa-Lobos. Nasceu em Bruxelas, viveu em Paris, Montevidéu e Belgrado (capital da antiga Iugoslávia, atual Sérvia) e chegou em definitivo à Brasília em 1979. Embora não soubesse tocar nenhum instrumento, foi convidado por Renato para ser o guitarrista da Legião Urbana. Marcelo Bonfá, baterista da banda, nasceu em 1965, em Itapira (SP), cidade próxima a Campinas. Seu pai também trabalhava no Banco do Brasil e, como tantos outros funcionários públicos nos anos 1960 e 1970, foi transferido para a nova capital. Renato Rocha, o "Negrete", foi o baixista da Legião nos seus três primeiros discos. Nasceu no Rio de Janeiro em 1962, seu pai era um militar que também fora deslocado para Brasília.

Por último, mas não menos importante, Phillipe Seabra nasceu em Washington, em 1966. É filho de um diplomata americano, chegou à capital brasileira aos treze anos de idade e, mais tarde, veio a ser o vocalista e o guitarrista da banda Plebe Rude, junto com o baixista André Mueller e com Carlos Augusto Fortman, o "Gutje", ex-baterista da Blitx 64 que surgiu dos ensaios do Aborto Elétrico, contando com o Loro Jones na guitarra.

---

a bandas novas. Integra a ABRAFIN (Associação Brasileira dos Festivais Independentes), criada em 2005.

Como nos relatou Dinho Ouro-Preto, Herbert Vianna e Bi Ribeiro também passaram por Brasília. Herbert nasceu em João Pessoa (PB), em 1961, é filho de um piloto da Aeronáutica. Ele era o responsável pelos vôos da presidência da república no governo do general Ernesto Geisel. Nesse mesmo período do regime militar, o pai de Bi Ribeiro (1961) era o chefe do cerimonial da presidência.[8] Esse contato entre eles na adolescência foi responsável pela ida da Legião Urbana e da Plebe Rude ao Rio de Janeiro para assinarem o primeiro contrato com a gravadora, por intermédio de Herbert que, inclusive, seria o produtor musical da Plebe. Eis o cartaz de um show das três bandas, ainda não contratadas:

Fonte: www.legiaourbana.com.br

---

[8] Os dados sobre os pais de Herbert Vianna e Bi Ribeiro foram retirados de Jamari França (2003).

A LEGIÃO URBANA DO UNDERGROUND AO MAINSTREAM

O show "Música Urbana" com as bandas Capital Inicial, Legião Urbana e Plebe Rude contava com apoio do Governo do Distrito Federal e de suas autarquias, a Secretaria da Educação e Cultura e a Fundação Cultural do Distrito Federal, conforme lemos no rodapé do cartaz. O site oficial da Legião Urbana não traz o ano preciso da apresentação, mas é possível considerar que tenha sido entre 1980 e 1982, após esse período as bandas rumaram para São Paulo em busca de profissionalização. Até agora, não tinha encontrado um depoimento que mencionasse qualquer apoio recebido do governo local pelas bandas. As fontes pesquisadas até então buscam passar uma ideia de autonomia frente ao poder, que, inclusive, era criticado e ironizado nas canções, e enfatizam a precariedade dos locais dos primeiros ensaios e shows. Como vários roqueiros eram filhos de funcionários públicos do alto escalão, é possível que o acesso às autarquias do distrito federal tenha sido facilitado. No mínimo, estamos diante de relação ambígua entre os roqueiros e o poder na capital federal – poder este vivido também dentro de casa.

Quais experiências sociais uniram esses jovens que se tornaram punks em Brasília em uma turma de amigos? Formada por indivíduos vindos de diferentes regiões do país e do mundo,[9] che-

---

9 Por sugestão de Dmitri Cerboncini Fernandes durante a defesa da dissertação, poder-se-ia ter refletido sobre formação desta turma de roqueiros em Brasília utilizando o conceito de "habitus", formulado por Pierre Bourdieu (1996), que nos ajudaria a compreender os sistemas de disposições desses indivíduos, os quais são o produto de uma trajetória social e de uma posição no interior do campo. Concordo com a sugestão de Dmitri e agradeço-lhe por ter chamado a atenção para este aspecto. Contudo, não foi possível empreender este tipo de análise por que as minhas fontes não me permitiram, teria sido preciso pesquisar um número muito maior de fontes biográficas de cada um dos roqueiros.

ÉRICA RIBEIRO MAGI

gam a uma cidade também jovem e bastante singular na arquitetura e no planejamento urbano modernistas, elaborados por Oscar Niemeyer e Lúcio Costa, em relação às cidades brasileiras.

A ideia de construção da nova capital brasileira[10] encontrou eco na campanha de Juscelino Kubitschek, que após a eleição concedeu prioridade à construção de Brasília no interior do país. O projeto político-social da nova cidade representava a negação da realidade brasileira, pretendia romper com o subdesenvolvimento e com a estratificação social da vida urbana. Era a emergência do Brasil na modernidade. Ela foi construída à toque de caixa no cerrado e inspirada na arquitetura do francês Le Combusier, de linhas retas em prédios e ruas e com usos determinados dos espaços (setor comercial, setor de diversão, setor de casas etc.), com o intuito de proporcionar uma sociabilidade entre os moradores também planejada, com avenidas no lugar das ruas e livres de transeuntes, em razão da grande distância entre os prédios e setores.

> Para alguém acostumado ao espaço livre público, à sociabilidade da esquina, sua eliminação levou não apenas à interiorização dos encontros sociais mas também a uma profunda sensação de isolamento. Na Brasília planejada, não há multidões urbanas, sociedades formadas na esquina, sociabilidade nas calçadas, em grande medida porque não há praças, nem ruas, nem esquinas. (HOLSTON, 1993, p. 114).

O mapa (HOLSTON, p. 159) abaixo ilustra todo o planejamento urbano do Plano Piloto, onde cada setor e suas respectivas funções deveriam ser incorporados pelos moradores.

---

10 Sobre o projeto de Brasília utilizarei os trabalhos de James Holston (1993) e Thomas Skidmore (2000).

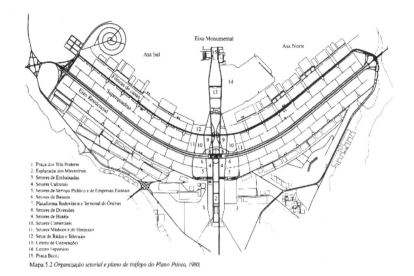

Mapa 5.2 *Organização setorial e plano de tráfego do Plano Piloto, 1980.*

Contudo, a cidade contrariou as premissas políticas de fundo comunista do arquiteto Oscar Niemeyer e do urbanista Lúcio Costa porque a capital reproduziu as periferias dos centros urbanos brasileiros quando legalizou as cidades satélites, onde vivem os trabalhadores que recebem baixos salários e não há a mesma infra-estrutura do Plano Piloto. De forma subversiva, negou-se um dos pressupostos básicos da arquitetura modernista:[11] Brasília como um "oásis" de desenvolvimento social e utópico no Planalto Central, rompendo com o nosso passado colonial, já que o futuro, este sim, seria "planejado", moderno e industrial. Outro ponto que contri-

---

[11] Oscar Niemeyer expressa isso em entrevista a HOLSTON (1993, p. 100) de 1981: "Vejo agora que uma arquitetura social sem uma base socialista não leva a nada – que você não pode criar um oásis em uma sociedade capitalista, e que tentar isso termina sendo, como disse Engels, uma posição paternalista ao invés de revolucionária".

buiu para que o planejamento fosse em alguma medida subvertido refere-se ao fato de que a cidade foi erguida e habitada por pessoas vindas do país inteiro, o qual pretendia negar. O cotidiano da nova sede do governo federal foi construído com base nas experiências sociais dos migrantes e imigrantes que ali se estabeleceram.

Entre os estrangeiros e os "desterrados na própria terra", para usar a bela frase de Sérgio Buarque de Holanda (1997), estavam os jovens Dado Villa-Lobos, Marcelo Bonfá, Dinho Ouro-Preto, Renato Russo, Felipe e Flávio Lemos, André Pretorios, Phillipe Seabra, André Mueller, Gutje, Loro Jones, Herbert Vianna, Bi Ribeiro etc., que se identificaram e se juntaram de imediato para fazer alguma coisa que fugisse do tédio, da sensação de isolamento e da falta de opções de lazer. Essa coisa foi a música, com a formação de bandas de rock e a composição de canções.

Música e sociabilidade

Uma dessas canções foi "Eduardo e Monica", composta por Renato Russo em 1981 e lançada no disco *Dois* (1986) da Legião Urbana. Eduardo e Monica vivem em Brasília, ela faz faculdade de medicina e gosta de Caetano Veloso, Mutantes e Rimbaud; e ele está no curso pré-vestibular, gosta de novela e joga futebol de botão com o avô. Os dois personagens aparentemente tão diferentes se conhecem "sem querer" e começam a namorar:

> Eduardo abriu os olhos mas não quis se levantar:
> Ficou deitado e viu que horas eram
> Enquanto Mônica tomava um conhaque,
> Noutro canto da cidade,
> Como eles disseram.
>
> Eduardo e Monica um dia se encontraram sem querer
> E conversaram muito mesmo prá tentar se conhecer.

Foi um carinha do cursinho do Eduardo que disse:
— Tem uma festa legal e a gente quer se divertir.
Festa estranha, com gente esquisita:
— Eu não estou legal. Não aguento mais birita.
E a Monica riu e quis saber um pouco mais
Sobre o boyzinho que tentava impressionar

[...]

Ela falava coisas sobre o Planalto Central,
Também magia e meditação.
E o Eduardo ainda estava
No esquema "escola, cinema, clube, televisão".

O planejamento urbano de Brasília, brevemente descrito anteriormente, criou situações inusitadas de encontros e relacionamentos. As diferenças de gostos e de idade entre os personagens não se colocam como empecilhos à relação, porque elas não importam num contexto de pouca convivência social e de solidão, que é sentida ao sair de casa. E de todas essas diferenças é possível que surjam coisas interessantes e que proporcionem o amadurecimento individual de cada um:

Eduardo e Monica fizeram natação, fotografia,
Teatro e artesanato e foram viajar.
A Monica explicava pro Eduardo
Coisas sobre o céu, a terra, a água e o ar:
Ele aprendeu a beber, deixou o cabelo crescer
E decidiu trabalhar;
E ela se formou no mesmo mês
Em que ele passou no vestibular
E os dois comemoraram juntos
E também brigaram juntos, muitas vezes depois.
E todo mundo diz que ele completa ela e vice-versa
Que nem feijão com arroz.
Construíram uma casa uns dois anos atrás,
Mais ou menos quando os gêmeos vieram

Batalharam grana e seguraram legal
A barra mais pesada que tiveram.

Eduardo e Monica voltaram pra Brasília
E a nossa amizade dá saudade no verão.
Só que nessas férias não vão viajar
Porque o filhinho do Eduardo
Tá de recuperação

A letra conta uma história com começo, meio e fim; tem personagens, um lugar (Brasília) e um tempo bem delimitados; não há estribilho entre as estrofes, apenas no início e no fim da letra uma estrofe é repetida. Essa simples história ganha verossimilhança e intensidade porque trata de fatos cotidianos e tensos vividos pelo jovem na sociedade moderna e urbanizada: ser aprovado no vestibular, concluir a universidade, conseguir um emprego, casar-se, ter filhos ou não, sair com os amigos, falta de dinheiro, ou seja, deixar o âmbito familiar em direção ao mundo adulto, ser responsável por si mesmo.

Cumpre reconhecer, rapidamente, o modo como Renato Russo constrói suas personagens femininas: são mulheres protagonistas com quem os homens ou o narrador aprendem lições, são as responsáveis pelas suas mudanças. Outro exemplo estaria em "Ainda é cedo", música lançada no disco de estreia da Legião em 1985:

Uma menina me ensinou
Quase tudo o que eu sei
Era quase escravidão
Mas ela me tratava como um rei.
[...]
Falamos o que não devia
Nunca ser dito por ninguém

A LEGIÃO URBANA DO UNDERGROUND AO MAINSTREAM

Ela me disse: — Eu não sei mais o que eu sinto por você.
Vamos dar um tempo, um dia a gente se vê.

Aí eu disse: — Ainda é cedo
cedo
cedo.

E em "Faroeste caboclo", composta em 1979, antes de "Eduardo e Monica", lançada no LP *Que país é este 1978/1987*, de 1987:

Agora Santo Cristo era bandido
Destemido e temido no Distrito Federal
Não tinha nenhum medo de polícia
Capitão ou traficante, playboy ou general.
Foi quando conheceu uma menina
E de todos os pecados ele se arrependeu.
Maria Lúcia era uma menina linda
E o coração dele
Pra ela o Santo Cristo prometeu

Voltando à discussão sobre a canção "Eduardo e Monica". O narrador pertence à turma de amigos dos personagens principais: pessoas tão diferentes são do mesmo grupo, se relacionam e trocam informações. Pode-se considerar a narrativa uma metáfora da maneira como ocorreram os encontros entre os roqueiros e, mais do que isso, da forte ligação entre eles enquanto viviam na capital, antes de cada banda (Capital Inicial, Legião Urbana e Plebe Rude) se estabelecer em São Paulo ou no Rio de Janeiro. Felipe Lemos, o ex-baterista do Aborto Elétrico, se questiona como foi possível existir um agrupamento de pessoas com práticas culturais distintas:

101

> Brasília começava a se questionar a respeito de como é que a gente estava vivendo numa cidade planejada, que era um caldeirão, aonde vinham pessoas de toda a parte do Brasil. E o que sentíamos é que juntaram-se pessoas que nunca se juntariam antes de outra forma. Começamos a conhecer pessoas de backgrounds completamente diferentes. Então, de repente, estava alguém que mal falava inglês rodeado de quem só falava inglês.

Chega a impressionar o depoimento de Felipe, tamanho o estranhamento com que ele narra a sua juventude em Brasília. Àquele sentimento do inesperado e do inusitado que permeava sua sociabilidade ainda se faz presente. Contudo, é claro, eles partilhavam algumas experiências comuns: o desenraizamento social e a sensação de isolamento sentida em Brasília; o fato de que alguns haviam morado em metrópoles estrangeiras; todos morarem no Plano Piloto, a área nobre de Brasília; e o não apreciar a cidade e o interesse pelo rock. Sem dúvida, o elemento capaz de fornecer uma liga a essa ampla gama de experiências sociais semelhantes aos futuros ídolos do rock brasileiro, foi a música.

Em praticamente dois anos de existência, o Aborto Elétrico já contava com um repertório de canções. Todas as letras são de Renato Russo, enquanto que na composição das músicas todos participavam. O então letrista deixou escrito numa folha de caderno esse repertório, disponibilizado há pouco tempo esta e outras fontes por sua família. A preocupação em registrar e sistematizar os passos da banda e, consequentemente, suas primeiras letras são evidentes no documento, dando um caráter profissional e organizado ao trabalho.

Abaixo, o repertório[12] do Aborto Elétrico:

Aborto Elétrico

Metrópole

Benzina

Que País É Este

Admirável Mundo Novo

Tédio

Submissa

Geração Coca-Cola

Ficção Científica

Anúncio de Refrigerante

Heroína

Música Urbana

Baader-Meinhof Blues

Verde-Amarelo

Construção Civil

Veraneio Vascaína

Conexão Amazônica

Faroeste Caboclo

Boomerang Blues

Pão com Cola

Piauí Imaginário

Helicópteros no Céu

Azul

Antes das Seis

Love Songs, One Two Three

\+ FOME QUÍMICA DADO VICIADO

© Legião Urbana Produções Artísticas Ltda.
Todos os direitos reservados / All rights reserved

Quem acompanhou o rock brasileiro nos anos 80 sabe que algumas dessas canções foram gravadas em discos da Legião Urbana e do Capital Inicial, e sabe também que a maioria delas permaneceu inédita até 2005. Ano em que o Capital, que conta com dois ex-integrantes do Aborto Elétrico, Felipe e Flávio Lemos, decidiu gravá--las e lançá-las em CD e DVD, pela gravadora Sony-BMG. Trazendo um encarte caprichado, com fotos, cartazes de shows do Aborto, da Plebe Rude, da Blitx 64 e textos de Felipe e Renato escritos na época.

---

12 http://www.renatorusso.com.br/arquivo/html/ae_repertório.jpg, acesso em 08/11/05.

Contudo, cinco músicas (Dado Viciado, Fome, Pão com Cola, Azul e Piauí Imaginário) do repertório não estão nesse disco.

Um desses textos do encarte tem como assinatura as iniciais do Aborto Elétrico. É provável que ele tenha sido escrito por Renato Russo, porque era o letrista e vocalista da banda e o estilo da escrita é diferente em relação ao texto de Felipe Lemos, o qual está assinado. E também por que Renato tinha o hábito de escrever e, não por acaso, ele era um estudante de Jornalismo. O mais relevante é que o documento expressa um questionamento à realidade e a vontade de se colocarem publicamente na mesma:

Uma mensagem da organização do desespero

Sinceramente não estamos muito interessados com o que possam pensar ou não: o importante é todos ficarem por perto. Muito perto. Não queremos ser anônimos. Ser underground em 1981 é coisa de subdesenvolvido. Venham todas as meninas. Logo estaremos dançando nas ruas e com um visual/linguagem próprio de nossa idade e coração: Não queremos mais seguir. Seremos o modelo a ser seguido; caso você também esteja perto do desespero e com vontade de organizar sua mente/corpo/espírito/coração.

AE

É possível que esse texto e outros fossem distribuídos nos shows e ensaios do Aborto Elétrico, pois é um tipo de fonte que não foi produzida para ser guardada numa gaveta, foi feita para ser divulgada e comunicar uma "mensagem". Muito diferente daquela folha de caderno onde Renato registrou o repertório do Aborto. O desenraizamento social dá tom ao discurso, com a rejeição a qualquer manifestação cultural ("modelo") estabelecida. A falta de ligação com as "tradições" consagradas da música popular brasileira (samba, bossa nova e MPB) e com suas demandas estéticas surge nesse texto como uma condição a ser ignorada: não há por que se preocupar com os "monstros sagrados", "se nós somos diferentes e bem mais jovens". Esse desenraizamento gerou efeitos objetivos na produção musical do Aborto Elétrico e, por extensão, da Legião Urbana, do Capital Inicial, e em suas tomadas de posição no início da carreira: o estabelecimento sem constrangimentos de uma distância temporal e estética perante a MPB, que dominou a indústria fonográfica, as rádios e detinha o respaldo da crítica e de um público sofisticado até a emergência do rock brasileiro.[13]

Essa maneira agressiva e impositiva é encontrada nas roupas rasgadas, nos cabelos coloridos e, não poderia ser diferente, nas canções. As letras do Aborto Elétrico expressam uma crítica política ao Brasil e suas instituições sociais (o congresso, a família) e, outras, têm como tema a vivência em Brasília, com sua falta de opções de lazer (salas de cinema, shows) e a violência que o jovem punk poderia sofrer por parte da polícia. Isso é encontrado de forma semelhante em outras bandas da cidade também, como na Plebe Rude, formada em 1981:

Brasília
(André X, Gutje, Phillipe Seabra, Jander Bilaphra)

Capital da esperança
(Brasília tem luz, Brasília tem carros)
Asas e eixos do Brasil
(Brasília tem mortes, tem até baratas)
[...]
Longe do mar, da poluição
(Brasília tem prédios, Brasília tem máquinas)
Mas um fim que ninguém previu
(Árvores nos eixos a polícia montada)

---

13 Sobre a formação da sigla MPB e a maneira como se estabeleceu a partir dos anos 60, ver NAPOLITANO (2001, 2007).

ÉRICA RIBEIRO MAGI

[...]
A morte traz vida e as baratas se arrastam
(Utopia na mente de alguns...)
Os prédios se habitam, as máquinas param

Oh... O concreto já rachou! Rachou! Rachou! Rachou!
Rachou! O concreto já rachou!

Essa música foi lançada no primeiro LP da banda, em 1985, sugestivamente chamado *O concreto já rachou* pela gravadora EMI-Odeon e sob a produção do conhecido Herbert Vianna, que na época já era o vocalista dos Paralamas do Sucesso. A Plebe Rude era considerada pela turma a melhor banda de Brasília, a que tinha as melhores letras e músicos.

Usando ironicamente a propaganda do governo JK, de Brasília ser a "capital da esperança", o ponto central onde se iniciaria o desenvolvimento econômico em todo o país, e as eloquentes denominações dos acessos da cidade ("asas e eixos do Brasil") em referência as Asas Sul e Norte e ao Eixo Monumental que as divide, o narrador vai apresentando as rachaduras desse ambicioso e luxuoso projeto sob o ponto de vista de quem cresceu e vive à sombra do poder e de suas ações.

Esse ponto de vista privilegiado é perceptível também em "Tédio", composta para o Aborto Elétrico e gravada no terceiro LP da Legião Urbana, de 1987:

Tédio (com um T bem grande pra você)
(Renato Russo)

Moramos na cidade, também o presidente
E todos vão fingindo viver decentemente
Só que eu não pretendo ser tão decadente, não!

Tédio com um T bem grande pra você

Andar a pé na chuva, às vezes eu me amarro
Não tenho gasolina, também não tenho carro
Também não tenho nada de interessante pra fazer

Tédio com um T bem grande pra você
Tédio com um T bem grande pra você

Se eu não faço nada, não fico satisfeito
Eu duro o dia inteiro e aí não é direito
Porque quando escurece, eu fico a fim de aprontar

Tédio com um T bem grande pra você

Porque moro em Brasília
Moro em Brasília
Moro em Brasília
Moro em Brasília

Saliento que a última estrofe da letra (Porque moro em Brasília/ Moro em Brasília) foi excluída da gravação feita pela Legião. Só a ficamos conhecendo com o registro do repertório do Aborto Elétrico, em 2005 pelo Capital Inicial. Não teria sentido a Legião manter a estrofe, porque a banda era considerada um "sucesso nacional" e Renato Russo o "poeta da geração dos anos 1980" pela imprensa.

Sem a ironia presente na canção da Plebe Rude e optando pelo imediatismo na linguagem, "Tédio" também revela o ponto de vista de quem mora à sombra do poder e, em vários casos, de quem convive com funcionários públicos do alto escalão, e não vê essa condição como uma vantagem a ser aproveitada (eventual indicação para cargos, por exemplo), ao contrário, a vê com crítica. Os versos "Tédio com um T bem grande pra você" e "asas e eixos do Brasil" expressam o desenraizamento social, um sentimento de não pertencer e não conseguir se ajustar à Brasília.

Essa agressividade e ironia nas letras do punk-rock brasiliense tornam-se mais significativas quando a comparamos com o discurso de uma banda contemporânea e influente: o Sex Pistols. A banda se formou em Londres, no ano de 1975, por jovens moradores do subúrbio: o vocalista e letrista John Lydon, que usava o pseudônimo Johnny Rotten ("Joãozinho Podre"), o guitarrista Steve Jones, o baterista Paul Cook e o baixista Glen Matlock. Este foi substituído por Sid Vicious, um dos ídolos de Renato Russo, em 1977, e veio a falecer em decorrência de uma overdose de heroína em fevereiro de 1979. Com o auxílio estratégico e de marketing do produtor e empresário Malcolm McLaren (1946-2010) e de sua esposa, a estilista Vivienne Westwood (1941), que criou as roupas para os Pistols e popularizou a moda punk, a banda teve grande projeção fora da Inglaterra e abriu caminho para outros grupos. Contudo, o grupo teve uma carreira bastante curta, cerca de 2 anos e meio, gravou compactos e somente um álbum de estúdio, chamado *Never mind the Bollocks – Here's the Sex Pistols*, em 1977.

A comparação é feita em relação ao Sex Pistols por que a movimentação das bandas brasilienses, assim como a das paulistanas, ocorreu em virtude do que acontecia no rock internacional. Não há correspondência de linguagens, continuidade ou, sequer, uma valorização da música popular brasileira entre esses jovens roqueiros:

> Essa agitação cultural, que acontecia lá fora e que despontava aqui com os grupos punks, parecia trazer a possibilidade de atuação interessante.
>
> As palavras-chave que pareciam sinalizar as buscas – informação, atualidade, urbanidade, modernidade – denotavam a intenção de vida cosmopolita, de ligação ao que se desenvolvia culturalmente na época presente internacional; as referências nacionais pareciam estreitas para compor o sentido de captação e inserção no essencial do momento

histórico. Qualquer projeto de caráter nacional aparecia como xenofobia e provincianismo. A inserção radical na contemporaneidade internacional envolvia a incorporação absoluta da experiência urbana, da dimensão industrial, artificial, do universo da mídia, da velocidade e da fragmentação. (ABRAMO, 1994, p. 121-122).

Nos dois contextos de produção do punk-rock, o brasileiro e inglês, a cidade aparece como o local privilegiado para a ação do indivíduo e para, assim, ser subvertida:

Anarchy in the UK
(Sex Pistols)
[...]
Anarchy for the UK
It's coming sometime and maybe
I give a wrong time stop a traffic line
Your future dream is a shopping scheme 'cos

I wanna be anarchy!
In the city

How many ways to get what you want
I use the best I use the rest
I use the enemy I use anarchy 'cos

I wanna be anarchy!
The only way to be [14]

---

14 Música lançada no único LP da banda, *Never mind the Bollocks*, em 1977: "Anarquia para o Reino Unido/Virá em algum momento e talvez/Dei o tempo errado, parei no trânsito//Eu quero ser a anarquia na cidade//Seu sonho futuro é um esquema comercial//Quais são as maneiras para conseguir o que se quer/Eu uso a melhor, eu uso o resto/Eu uso o inimigo, eu uso a anarquia//Eu quero ser anárquico/A única maneira de ser".

Nem sempre essa relação angustiada e agressiva é predominante, como interpretamos nas letras citadas dos Sex Pistols. Em "Música Urbana", o narrador expõe um cotidiano diferente do apresentado em "Tédio" e "Brasília", da Plebe Rude. O cotidiano de Brasília vai assumindo uma forma pelos "pés" do nosso narrador ao andar pelas ruas, mesmo não havendo multidão, apenas carros e o cheiro de gasolina e diesel. O caminhar à noite ganha mais significado por estarmos num cenário planejado, onde não se espera, apesar da movimentação, a existência de pedestres:

Música Urbana
(Renato Russo, André Pretorios, Flávio Lemos, Fê Lemos)

Contra todos e contra ninguém
O vento quase sempre nunca tanto diz
Estou só esperando o que vai acontecer
Eu tenho pedras nos sapatos
Onde os carros estão estacionados
Andando por ruas quase escuras
Os carros passam

As ruas têm cheiro de gasolina e óleo diesel
Por toda a plataforma
Toda a plataforma
Você não vê a torre

Tudo errado, mas tudo bem
Tudo quase sempre como eu sempre quis
Sai da minha frente
Que agora eu quero ver
Não me importam os seus atos
Eu não sou mais um desesperado
Se eu ando por ruas quase escuras
As ruas passam

A saída para o eixo Rio- -São Paulo

[...]rar a juventude sem [...]
As crianças mortas
Celebrar nossa desunião

Vamos celebrar Eros e Thaná[...]
Persephone e Hades
Vamos celebrar nossa tristeza
Vamos celebrar nossa vaidade

[...]mos comemorar como idiotas
[...]da fevereiro e feriado
[...]s os mortos nas estradas
[...]rtos por falta de hospitais

[...]elebrar nossa justiça
[...]a e a difamação
[...]brar os preconc[...]
[...]nalfabet[...]

Canecão, a famosa e prestigiada casa de shows do Rio de Janeiro, inaugurada em 1967, abrigou a Legião Urbana em 02 de março de 1986. Nesse dia, o *Jornal do Brasil* divulgou a apresentação da banda em uma nota em sua seção "Bolsa de Consumo Cultural", do Caderno B. Esse ingresso foi guardado por um fã que o enviou para o site oficial da Legião Urbana, aberto a contribuições do público. Ele é um dos símbolos da consagração da banda no eixo Rio – São Paulo, o que significa, por motivos a serem melhor pesquisados pelas Ciências Sociais, simbolicamente uma consagração nacional. E mais: vir para o eixo implicava a profissionalização do artista, o acesso às grandes gravadoras, aos programas de TV e rádio e à imprensa. Coisas que ele não conquistaria se desenvolvesse sua carreira noutro Estado da federação, devido à concentração dos principais meios de comunicação nas duas capitais.

Antes da Legião Urbana se profissionalizar e pisar no palco do Canecão, o Aborto Elétrico precisou acabar. A banda se desfez em 1982, sem nunca ter saído de Brasília para uma apresentação. Felipe Lemos e Renato Russo brigaram porque o baterista desprezou a letra de "Química"[1] dizendo que ela era ruim e que Renato havia perdido a capacidade de compor. Este episódio mostra a primeira e a última vez que o compositor teve seu trabalho questionado dentro da banda. É verdade que houve uma briga anterior a essa. Em um show do Aborto, Renato tocou desafinado, Felipe, irritado demais, jogou e acertou a baqueta na cabeça dele.

Embora não tenha gravado um disco, parte do repertório do Aborto foi registrada nos discos das duas bandas nascidas de seu fim: a Legião Urbana gravou "Geração Coca-Cola", "Que país é este", "Conexão amazônica" e "Tédio (com um T bem grande pra você)" e o Capital Inicial (Felipe e Flávio Lemos, Loro Jones e Dinho Ouro Preto) registrou "Música Urbana", "Veraneio Vascaína", "Fátima" e "Ficção científica". O restante das músicas, como já mencionei, foi resgatado pelo Capital Inicial e gravado em 2005. Aliás, "Música Urbana" foi o primeiro sucesso da banda e é executada até hoje em seus shows.

---

[1] "Química" fez muito sucesso com os Paralamas do Sucesso, gravada no LP *Cinema Mudo*, de 1983. A Legião Urbana só a gravaria em seu terceiro disco, *Que país é este 1978/1987*, de 1987.

Antes da formação da Legião Urbana, Renato Russo passou a abrir os shows das outras bandas de Brasília e se auto-intitulou o "Trovador Solitário". Criar o seu próprio nome artístico e defendê-lo no palco mostra que o músico tentava ter um controle sobre a sua imagem e o seu trabalho, lutando contra possíveis discursos e denominações alheias. Essa postura ele levaria consigo na trajetória da Legião Urbana e dela resultaria contornos específicos ao campo do rock em processo de consolidação e à mudança de discurso de Renato a partir de 1989: da crítica política para valorização do amor e das relações interpessoais acima de tudo.

Cantando ao violão, Renato se apresentava com as músicas "Eduardo e Mônica", "Faroeste Caboclo", "Eu sei" e "Química". Elas configuram uma mudança significativa em seu processo de elaboração das letras e uma superação da rigidez da estética punk. Em fins da década de 1970, o punk-rock na Inglaterra já expressava sinais claros de esgotamento, pois não aceitava outros elementos que fugissem da simplicidade. O pós-punk surge exatamente desse limite imposto pelo punk, com a proposta de letras mais bem elaboradas e com a liberdade para produzirem suas músicas fora do padrão de três acordes e da cena *mainstream* inglesa que, àquela altura, havia incorporado o punk. Outra diferença é que o pós-punk deixou para trás o protesto agressivo e os cabelos coloridos, deu lugar ao sombrio, a faces brancas e roupas pretas, às questões existenciais e ao olhar angustiado e sem perspectivas diante da realidade. Surgem as primeiras bandas: Public Image Ltd, com John Lydon, ex-vocalista e compositor dos Sex Pistols, Siouxsie & the Banshees, Bauhaus, The Cure, Gang of Four, Joy Division, The Smiths etc.

ÉRICA RIBEIRO MAGI

Algo importante para a emergência do pós-punk foi a transformação de pequenas lojas de discos em gravadoras independentes, como a Factory e a Rough Trade, que representaram para o estilo uma alternativa às grandes gravadoras, onde as bandas não conseguiam contratos. Em 1979 são lançados os discos *Entertainment!*, do Gang of Four, *Unknown pleasures*, do Joy Division e *Three imaginary boys*, do The Cure. E é partir desses e de tantos outros discos que o pós-punk inglês conseguiu provocar o surgimento de cenas locais, como a que ocorreu na cidade de São Paulo e com a qual a Legião Urbana entraria em contato quando decidiu tentar a carreira na cidade.

Enquanto se apresentava como o "Trovador Solitário" e trabalhava como repórter num pequeno jornal em Brasília, Renato Russo convidou o baterista Marcelo Bonfá, ex-Metralhas e Dado e o Reino Animal, para a formação da Legião Urbana em 1983, sob o impacto e felicidade do lançamento do compacto de estreia dos amigos Paralamas do Sucesso, no Rio de Janeiro. A Bonfá e Renato juntaram-se o tecladista Paulo Paulista e o guitarrista Eduardo Paraná, este substituído logo porque era sofisticado demais para a banda. Iko Ouro-Preto, irmão de Dinho Ouro-Preto, assumiu a guitarra, mas abandonou a banda às vésperas de um show agendado na Associação Brasileira de Odontologia porque teve medo de subir ao palco. Dado Villa-Lobos, ex-Dado e o Reino Animal, foi chamado às pressas para assumir o instrumento que mal sabia tocar. Assim, cristalizou-se a Legião Urbana, como um trio: Renato, Bonfá e Dado.

O primeiro show da Legião fora de Brasília aconteceu na cidade de Patos de Minas (MG), junto com a Plebe Rude, em um evento de agropecuária. A polícia local não gostou do que ouviu. Não gostou de "Veraneio Vascaína",[2] por exemplo, e de "Proteção"[3], da Plebe Rude, e os levou até a delegacia para darem explicações. Chegando lá, o policial perguntou a eles: De onde vocês são? Responderam prontamente: de Brasília. Surpreso, o policial replicou: Vocês são filhos de quem? Phillipe Seabra, filho de um diplomata americano, logo mostrou o seu passaporte. E assim, todos foram liberados e voltaram no primeiro ônibus para a capital federal. Mesmo em curso o processo de redemocratização e a recente promulgação da Lei da Anistia (1979), "irrestrita, ampla e geral", o clima tenso e de falta de liberdade individual e artística permaneciam – a censura ainda existia no cotidiano. Mas se a pessoa aparentemente pertencesse ao "círculo do poder institucional", o problema resolvia-se de imediato, uma prática cultural que ainda sobrevive no país.

Após essa marcante estreia, a Legião Urbana fez alguns shows em Brasília e dividia com outras bandas o aluguel de uma sala para os ensaios. A possibilidade de viver financeiramente de uma banda de rock estava se fortalecendo e a cada passo eles se tornavam mais

---

2 Cujos versos são: "Cuidado pessoal lá vem vindo a Veraneio/toda pintada de cinza, branco e vermelho/com números do lado/dentro dois ou três tarados, assassinos armados e uniformizados/Veraneio Vascaína vem dobrando a esquina [...] Se eles vêm com fogo em cima é melhor sair da frente/tanto faz ninguém se importa se você é inocente/com uma arma na mão/eu boto fogo no país/e não vai ter problema, eu sei/estou do lado da lei".

3 Cujos versos são: "Será verdade, será que não/nada do que posso falar/e tudo isso prá sua proteção/nada do que posso falar/A PM na rua, a guarda nacional/nosso medo suas armas, a coisa não tá mal/a instituição esta aí para a nossa proteção/Pra a sua proteção [...]/Sou uma minoria mas pelo menos falo o que quero apesar da repressão/Tropas de choque, PMs armados/mantêm o povo no seu lugar/Mas logo é preso, ideologias marcadas/ se alguém quiser se rebelar/Oposição reprimida, radicais calados/toda a angustia do povo é silenciada/Tudo pra manter a boa imagem do Estado!".

ÉRICA RIBEIRO MAGI

profissionais. Um desses passos foi a saída de Brasília. Renato deixou o emprego de jornalista, Dado abandonou o curso de Sociologia na UnB e Bonfá não estava fazendo nada. Assim decidiram vir para o Rio de Janeiro, onde a banda não engrenou. Renato Russo, então, entrou em contato com a designer Fernanda Pacheco, que editava o *fanzine* Spalt e trabalhava no Napalm, conseguindo para a Legião alguns shows. A banda fez sua primeira apresentação lá, uma casa noturna do *underground* paulistano e localizada no centro da cidade, em 1983. Fernanda e Dado Villa-Lobos começaram a namorar, estão casados desde 1984. Ela passou a assinar o nome Fernanda Villa-Lobos, tornou-se empresária da Legião Urbana e fez os projetos gráficos para os seus discos.

A Legião Urbana no circuito underground paulistano: os jornalistas e suas bandas independentes

> "Ouvi seu disco. Pra rock carioca, está muito bom".
> Sônia Maia chegando para entrevistar Lobão.[4]

A passagem da Legião Urbana pela cidade de São Paulo – antes dela estourar no Rio de Janeiro em 1985 – é pouco conhecida e discutida pela bibliografia acadêmica. Sua estadia de um mês na metrópole não lhe possibilitou a gravação de um disco, como outras bandas independentes[5] conseguiram por meio do selo da loja de discos Baratos Afins, de Luis Carlos Calanca. Então, por que refletir sobre essa passagem e dos personagens envolvidos? O chamado "rock paulista" ou "dark" (ABRAMO, 1994) foi fruto de uma mo-

---

4 Frase retirada da seção "As Frases – Troféu Baixaria 1986", da revista *Bizz*, nº 19, fevereiro de 1987, p. 59.

5 Essas bandas aparecerão no decorrer do texto.

vimentação intensa de bandas à procura de lugares para tocarem, de discos do pós-punk inglês que demoravam a serem lançados no Brasil, e de publicações importadas sobre rock. Pouquíssimas dessas bandas conquistaram o sucesso durante os anos 1980,[6] porém seus músicos continuaram trabalhando com o rock em outra frente da indústria cultural: escrevendo na grande imprensa paulistana. A relação da Legião Urbana com os participantes desse circuito *underground* está nas entrelinhas das fontes analisadas.

O trabalho, portanto, desses músicos-jornalistas ajudou decisivamente a consolidar o campo do rock brasileiro, fortalecendo e ampliando o espaço para o gênero nas publicações, o que interessa tanto aos críticos quanto aos artistas, e também um público leitor interessado em cultura pop (rock, quadrinhos, cinema e literatura jovens). A Legião integrou uma rede de sociabilidade que pouco tempo depois estaria escrevendo na que se tornaria a principal revista de música do Brasil, a *Bizz*.

Antes de falar sobre o círculo de sociabilidade do rock em São Paulo na primeira metade da década de 1980, gostaria de justificar o uso de fontes jornalísticas na análise da trajetória da Legião Urbana e o fato de não me prender estritamente à interpretação do conteúdo e da estética de suas canções. E, também, destacar e começar a compreender o trabalho dos produtores musicais[7] no

---

6   Eu destacaria o Ira!, os Titãs e o Ultraje a Rigor, embora estas fossem muito diferentes das outras bandas paulistanas.

7   O trabalho do produtor musical junto ao músico ainda é pouco debatido pela Sociologia da Cultura no Brasil. Presume-se que esse profissional da música tenha se firmado na indústria fonográfica entre os anos 1950 e 1960 do século XX, tanto aqui quanto no exterior. O primeiro LP que registrou o nome do produtor foi o *Sgt. Pepper's Lonely Hearts Club Band*, dos Beatles, lançado em 1967, onde veio grafado o nome de George Martin,

ÉRICA RIBEIRO MAGI

processo de produção e gravação da música. Mobilizar a crítica jornalística não é um procedimento comum nas pesquisas sociológicas sobre música popular no Brasil, assim como resgatar a trajetória de diferentes agentes sociais envolvidos na feitura e na avaliação da obra artística. A canção é a fonte privilegiada para a análise das experiências e do contexto histórico-social; mas as interferências de outros agentes na feitura do disco e na trajetória do músico são pouco consideradas. Contudo, existem trabalhos na história social da arte e na sociologia da cultura que reúnem diferentes fontes na análise de um produto cultural, como o de Clark (2004), que recuperou os discursos dos críticos e neles analisa como foram apreendidas as transformações urbanísticas de Paris no século XIX e a dimensão dos conflitos decorrentes, e como as pinturas de Manet sintetizaram estes mesmos conflitos; e o de Sergio Miceli (2003) que, para analisar as pinturas do modernismo brasileiro, resgata as trajetórias dos mecenas, colecionadores e dos pintores e pintoras, porque essa produção cultural dependeu também das demandas e necessidades desses agentes sociais.

São exemplos de importantes trabalhos que demonstram que a feitura do produto cultural, a avaliação por parte da crítica, as relações de cumplicidade e de antagonismo entre esta e o artista, são elementos que compõem o campo de produção das artes e que devem ser pensados, uma vez que existem fontes para tal empreitada. Em relação ao rock brasileiro, acontece, nos anos 1980, a profissionalização de espaços direcionados ao rock dentro da grande imprensa, o que implicou a formação e a consolidação de quadros de críticos especializados no gênero e de colunas fixas em seus ve-

---

tornando-se reconhecidamente um dos responsáveis pelas experimentações sonoras da banda. Sobre isso, ver Marquioni e Fenerick (2008).

ículos.[8] Até hoje essas colunas sobre o mundo do rock (críticas de CDs, DVDs e de shows, entrevistas com as bandas, notícias do rock internacional e brasileiro etc.) existem, mesmo sendo escritas por jovens jornalistas.

Em termos simbólicos, o que significa para os artistas do rock terem esse espaço, consolidado na década de 1980, na grande imprensa? E que tipo de reconhecimento para as suas músicas isso implica? É possível começarmos a entender essa particularidade do rock brasileiro comparando seu espaço com o lugar que ocupa a música sertaneja e a axé music na mídia escrita. São gêneros que não têm prestígio artístico dentro da atual crítica musical e nem por parte de seus leitores, pois não são "analisados" pela imprensa de São Paulo e Rio de Janeiro. Isso não significa que eles não sejam pautas dos cadernos culturais – eles são –, mas registrados apenas enquanto fenômenos mercadológicos, destituídos de qualquer valor artístico e histórico para a música popular brasileira. Não é por acaso que não costumamos ver os artistas do axé, de enorme popularidade, como a Ivete Sangalo, os grupos Asa de Águia e Banda Eva ou as duplas sertanejas Zezé de Camargo & Luciano, Victor & Léo etc., sendo capas desses cadernos e, muito menos, tendo seus CDs e DVDs avaliados.

Todo esse espaço de verbalização do mundo do rock lhe confere distinção social e artística frente aos demais gêneros, como o sertanejo e o axé, que só são motivo de matéria no jornal por que aparecem nos primeiros lugares dos índices de venda e de arrecadação de

---

8 Exemplos: Arthur Dapieve e Jamari França no *Jornal do Brasil;* Pepe Escobar, Mario César Carvalho e André Forastieri na *Folha de S. Paulo*; Lauro Lisboa Garcia e Luis Antônio Giron em *O Estado de São Paulo*; Tom Leão, Antônio Carlos Miguel e Carlos Albuquerque em *O Globo*.

direitos autorais. Essa distinção não é conferida somente ao rock, é dada também ao seu público consumidor. O consumo de um gênero musical e a sua representação na mídia podem ser maneiras de expor diferenças culturais entre as pessoas e de legitimá-las socialmente.[9]

E, nos anos 1980, o que implicou simbólica e politicamente para as bandas serem pauta de reportagens e críticas musicais? Até então, é importante que se frise, o rock nacional era marginalizado nos meios de comunicação;[10] quem detinha um amplo espaço nas gravadoras e na grande imprensa eram os artistas da MPB. A relação de poder entre esses campos de produção musical é modificada com a legitimação artística do rock brasileiro e a consolidação de espaços de trabalho para os roqueiros e produtores, no mercado fonográfico, e para os jornalistas, em jornais e revistas especializadas. Por todas essas questões, uma interpretação que privilegie a interpretação das letras da Legião Urbana ou de qualquer outra banda dificilmente seria capaz de refletir sobre o processo de consolidação do campo do rock nacional na década de 1980 porque, simplesmente, a compreensão de um campo de produção cultural nos obriga, primeiramente, a identificar todos os agentes sociais, em suas respectivas áreas de trabalho, envolvidos com o trabalho artístico.

A análise de matérias e da trajetória profissional de jornalistas-chave nos permite decodificar os elementos expressivos das canções e os atributos de cada membro da banda destacados por eles, as cobranças que eram feitas e os tipos de avaliação do rock consagrados na década de 1980 e se há alguma influência deles na

---

9 Sobre a legitimação e reprodução das diferenças sociais a partir do consumo artístico, ver Bourdieu (2007).

10 Excetuando-se Raul Seixas, Rita Lee, Os Mutantes e Secos e Molhados.

atual crítica musical. Por outro lado, o "interesse" da grande imprensa carioca e paulista em torno do rock abriu caminho para que os músicos falassem, contassem um pouco de sua trajetória, defendessem seus discos e, muitas vezes, discordassem do que determinados críticos vinham escrevendo. Quando interpretamos uma canção de acordo com o contexto econômico-político estamos tomando como ponto de partida o trabalho final do processo de produção: o disco. Porém, não estamos considerando alguns fatores que possibilitaram a sua execução, dentre eles: os obstáculos sociais que a banda enfrentou até assinar o contrato com a gravadora, a rede de sociabilidade a que ela pertenceu e que possibilitou o seu acesso ao mercado fonográfico, e a participação e o trabalho desenvolvido pelo produtor musical nos LPs.

O Pop Nativo: os darks e a new wave

A primeira matéria com a Legião Urbana é uma crítica de seu primeiro disco, lançado em janeiro de 1985, junto com a crítica do LP da banda paulistana Smack:

Esta não é para tocar no rádio

Até que enfim, agora é a sério. Ouça estes dois discos e, na pior das hipóteses, pelo menos há sangue e soda cáustica em doses mais que suficientes para lavar o pop nativo de seu bom mocismo, seu laquê, seu bronzeado. O Legião joga limpo, enquadra tudo à luz do sol do meio-dia, têm a cara dura de cantar "somos os filhos da revolução... somos burgueses sem religião" ("Geração Coca-Cola"), vêm de Brasília. O Smack não, rodopia aos subterfúgios em uma aura euroglacial, as letras fragmentam qualquer possível fio para tantas meadas, balbucios desconexos

ÉRICA RIBEIRO MAGI

de um claustrofóbico em uma sala escura, guitarras às navalhadas, são de São Paulo.[11]

JAL

Note que o jornalista assinou usando as iniciais de seu nome, "JAL". Provavelmente, trata-se de José Augusto Lemos que, segundo Ricardo Alexandre (2002, p. 217), era o redator do caderno "Ilustrada", da *Folha de S. Paulo*, antes de ir trabalhar na revista *Bizz*, cuja primeira edição é de agosto de 1985. Essa crítica revela a relação que existia entre a Legião Urbana e as bandas do circuito *underground* de São Paulo no olhar do autor, pois reúne duas bandas aparentemente de universos opostos: a Legião é de Brasília e acabara de lançar seu disco pela multinacional EMI-Odeon, sediada no Rio de Janeiro; e o Smack circulava pelo circuito *underground* paulistano e estava lançando seu disco de estreia, chamado *Ao vivo no Mosh*, pelo selo independente da loja de discos Baratos Afins. O LP tem esse nome porque foi gravado literalmente no estúdio Mosh, em São Paulo. A banda foi formada em 1984 por pessoas que tinham trabalhos paralelos: Pamps, no vocal e guitarra, era membro da banda de apoio de Itamar Assumpção, a Isca de Polícia; Edgar Scandurra já era o guitarrista do Ira!; Sandra Coutinho, vocalista e baixista das Mercenárias; Thomas Pappon, baterista dos grupos Voluntários da Pátria, formada em 1982, e Fellini, de 1984, pouco tempo depois iria tornar-se jornalista da revista *Bizz*.[12]

E o que a brasiliense e contratada da EMI-Odeon Legião Urbana está fazendo na crítica ao lado do Smack? José Augusto Lemos,

---

11 *Folha de S. Paulo*, São Paulo, 26/03/1985.

12 O primeiro texto que encontrei de Thomas Pappon na *Bizz* é da ed. 8, março de 1986, p. 28-29. Uma matéria sobre a banda de pós-punk inglês The Smiths, chamada: "Os Smiths estão entre nós".

A LEGIÃO URBANA DO UNDERGROUND AO MAINSTREAM

mais conhecido como Scot, além de escrever matérias e críticas sobre rock, era membro da banda Chance que, não por acaso, circulava pelo mesmo circuito frequentado por: Fellini, Akira S & As Garotas que Erraram, Voluntários da Pátria, Agentes, 3 Hombres, Mercenárias e, é claro, Smack e a Legião, que morou em São Paulo durante um mês. Scot não resenhou esses LPs apenas por que conhecia as bandas desde seus primeiros shows na cidade. Havia uma afinidade musical e a intenção consciente de colocar as bandas paulistanas independentes, listadas acima, e as brasilienses, agregadas, em pauta – desviando o foco do estilo de rock produzido no Rio de Janeiro.

Já no primeiro parágrafo ele estabelece uma comparação com o rock do Rio de Janeiro, quando diz: "há sangue e soda cáustica em doses mais que suficientes para lavar o pop nativo de seu bom mocismo, seu laquê, seu bronzeado", adjetivos estes que conferem superficialidade e inocência às bandas cariocas. Coisas que a Legião e o Smack não eram, uma vez que expressavam, para o crítico, seriedade e profundidade em seus trabalhos. Além disso, elas tinham o que ele chamava de "identidade" de uma banda de rock brasileira:

> Mas a qualidade da produção – cada uma capaz de forjar a identidade latente, nenhuma mixando o cantor para soterrar a banda na sua FM – derruba o ceticismo que reza pela "pior das hipóteses". No caso da Legião, certas sobreposições da voz de Renato Russo (até que enfim, um cantor – de letras raro, raríssimo, é melhor ouvir do que ler recortes entremeados ao óbvio lenga-lenga descritivo/analítico. Basta dizer que a obra-prima "Ainda é Cedo" psicografa um casal com tal lirismo anticomplacente que poderia ser cantada por Roberto Carlos e ainda lascar o coração. A obra-prima do Smack, "Dezesseis Horas e Pouco", anuncia seu jogo mais sub-reptício [...], jogo de claro e escuro: o início denso, uma só massa instrumental onde dá para perceber uma voz grave andando em solilóquios; isso até explodir à tona

o coro de três com o refrão "aqui não é lugar... é sonho é delírio".
O ouvinte pode abrir a janela, se isso fizer você se sentir melhor.

Que identidade seria essa? José Augusto "Scot" Lemos elenca os elementos expressivos que dariam forma a ela. A "qualidade da produção" do disco, a maneira que Renato Russo coloca sua voz, as letras "raras", o "lirismo" de "Ainda é cedo", o sentimento de não pertencer ao lugar, como expressa o refrão do Smack, e a ausência de uma alegria gratuita, sem motivos concretos para que ela exista. Todos esses elementos dariam identidade às bandas. Uma identidade, é importante frisar, anticomercial – oposta à felicidade "bronzeada" dos grupos cariocas, como a Blitz, o Kid Abelha, o Barão Vermelho e os Paralamas do Sucesso[13] – no momento em que todos tinham seus LPs, sendo muito bem vendidos e hits tocando nas rádios e nos programas de televisão.

O programa de TV de maior repercussão na época foi o Cassino do Chacrinha, da TV Globo, por onde as bandas de sucesso passaram e eram obrigadas a cumprir o esquema do programa. Em 1986, às vésperas do Natal, com Chacrinha vestido de Papai Noel e, para não destoarem do "clima", Dado, Renato Russo, Bonfá e Renato Rocha também precisaram usar o gorro do "bom velhinho", no du-

---

13   Até esse momento eram elas que detinham um maior espaço na mídia e foram elas que representaram o "rock brasileiro" no Rock in Rio, realizado em janeiro de 1985, primeiro grande evento de rock realizado no Brasil e que contou com a participação de bandas e artistas internacionais, além dos grupos nacionais citados, onde compareceram 1 milhão de pessoas em 10 dias de shows e com transmissão da TV Globo. As paulistanas Ultraje a Rigor e Titãs, que já tinham também seus respectivos sucessos, "Inútil" e "Sonífera Ilha", não foram convidadas para o festival.

plo sentido.[14] A banda foi receber o disco de platina – na época a vendagem necessária era a de 150 mil cópias – do segundo disco, chamado *Dois* e lançado em julho do mesmo ano.

Em São Paulo, foi produzido na TV Cultura (1983-1984) o Fábrica do Som, onde se apresentaram Titãs, Ultraje a Rigor, Ira!, o Absyntho (daquele hit, "Ursinho Blau Blau"), o Barão Vermelho, os Paralamas, e os grupos e artistas da chamada "Vanguarda Paulista", como o Língua de Trapo. Embora o programa tivesse uma audiência modesta, ele estava conectado à cena musical ainda considerada "alternativa" e foi um espaço importante de exposição desses novos artistas.

As matérias jornalísticas produzidas em São Paulo expressam essa forte tensão entre o "rock paulista" e o "rock carioca". A revista *Bizz* é um ótimo material para se apreender o conflito entre esses diferentes estilos de rock brasileiro e de performances no palco porque ela contava, em seu quadro de colaboradores, com músicos atuantes na cena. Alex Antunes, José Augusto "Scot" Lemos, Thomas Pappon e Celso Pucci, mais conhecido como MinhoK (lê-se minhoca), tinham suas bandas independentes, conseguiram gravar LPs e escreviam na revista, publicada pela gigante Editora Abril. Eles fizeram parte do que ficou conhecido como os grupos "dark" de São Paulo, nome este dado pela imprensa, que produziam um rock com fortes influências do pós-punk inglês e se apresentavam para um pequeno público em locais alternativos: o Napalm, Carbono 14 e Madame Satã.

Existe uma foto da Legião Urbana, ainda como trio, antes da entrada de Renato Rocha, se apresentando no Napalm, em 1983:

---

14 Confira o vídeo dessa apresentação da Legião Urbana em: http://www.youtube.com/watch?v=8MrlVksI-HI

Bonfá na bateria, Dado na guitarra e Renato no contrabaixo e vocal.
(Fonte: www.legiaourbana.com.br)

Vamos à sugestão de José Augusto "Scot" Lemos, a leitura da letra de "Dezesseis horas e pouco", escrita por Pamps:

Pouca hora
Pouco agora
Tempo de conhecer

Um salto no claro
Escuro é o que
Ausência de cor
Ser feliz é o que
Sofrer sem dor
Aqui onde é

Aqui não é lugar
É o sonho, é delírio
Mais que possível
É o beijo letal
Lugar do real
Possível delírio

Mais que um sonho
É o beijo final

Só ouvindo a música é que se apreende e se sente a angústia e a solidão vividas pelo narrador. José Augusto Lemos destaca justamente a força que o instrumental e o canto dos três vocalistas (Edgar Scandurra, Sandra Coutinho e Pamps) no refrão conferem à letra, não proporcionando conforto, bem-estar e alegria ao ouvinte. O crítico dá realce à sonoridade da canção porque é um aspecto distintivo e de qualidade superior frente às bandas que mixam "o cantor para soterrar a banda na sua FM". Interessante que o estilo de escrita de José Augusto acompanha a densidade e seriedade perseguida pelos LPs de estreia do Smack e da Legião, pois ela não pretende ser cômica e de fácil entendimento por parte do leitor. A crítica de um produto cultural (disco, peça de teatro, filme, livro etc.) acaba se transformando em outro produto e, ainda, pode ganhar mais repercussão entre os leitores da publicação do que o próprio "objeto de análise", que fica em segundo plano.[15] E, para o jornalista, quanto mais "bafafá" gerar o seu texto, melhor.

E para dar um ar mais sombrio e sério ao disco do Smack, a sua capa não poderia ser descuidada. Ela sugere que o ouvinte entre ou permaneça, se for caso, em um cenário obscuro e sem saída:[16]

---

15 Exemplos: a crítica do show da cantora e apresentadora Angélica, de André Forastieri, na *Bizz*, ed. 61, agosto de 1990, p. 63; a entrevista com Gabriel o Pensador feita por Alex Antunes, na *Bizz*, ed. 100, novembro de 1993, p. 30-31; a resenha do disco Titanomaquia, dos Titãs, escrita por André Barcinsky, ed. 97, agosto de 1993, p. 57.

16 Talvez a impressão não ajude a decodificar a imagem da capa. Trata-se do raio-x da face humana.

Thomas Pappon na bateria, ao lado, Edgar Scandurra na guitarra, Pamps na outra guitarra e, à esquerda, Sandra Coutinho no contrabaixo.

O LP (*long play*) foi desenvolvido na década de 1950 e incorporado pela indústria fonográfica brasileira, como seu produto principal, nos anos 1970 (DIAS, 2000, p. 104). A entrada do novo formato foi uma mudança importantíssima na história da música gravada porque, diferentemente do compacto simples (*single*) e do EP (*extended play*),[17] o LP promoveu o conceito de "álbum" do artista ou banda, ou seja, um conjunto de músicas compostas e produzidas especialmente para ele. Outro diferencial relevante é o cuidado com a capa que, geralmente, é estampada pela imagem do artista ou pelo "conceito" criado para o disco, como é o caso do Smack.

O raio-x da face humana mostra o que se encontra num cenário escuro e sem ninguém ao seu lado: a morte. Outra canção do disco que expressa uma profunda angústia frente à realidade é

---

17 O compacto simples tinha espaço para uma música em cada lado e o EP para duas músicas.

"Desespero juvenil", escrita por Pamps, e que "casa" muito bem com a imagem da capa:

> Sei me desesperar
> Só não sei viver
> Se ninguém me encontrar
> Porque não morrer
>
> (refrão)
> Não sei não sei
> O que vou fazer
> Já sei já sei
> Mas não pode ser
> Sei me desencantar
> Só não sei sorrir
> Se não há nada a fazer
> Porque insistir
>
> Sinto o mundo parar
> Só não sei correr
> Se não há nada a fazer
> Porque vou viver
>
> Sinto o mundo parar

A música tem um ritmo muito rápido, cuja duração é de apenas 1 minuto e 23 segundos. Tão rápida que a última estrofe (talvez nem possa ser chamada assim) tem um único verso – *sinto o mundo parar* –; o sentido é este mesmo: o mundo parou para mim, estou morto. Por que viver? O narrador não tem fôlego e tempo para descobrir a reposta, aqui reside o seu desespero: muitos questionamentos sobre existência e a vida num tempo apressado e confuso. Esses sentimentos de angústia, solidão e caos na grande cidade estão presentes nas letras de outras bandas do *underground* paulistano, como em As Mercenárias:

Loucos Sentimentos
(Sandra Coutinho, Rosália Munhoz e Ana Maria Machado)

Se estou imersa nesses loucos sentimentos
Todos os lados me parecem cristalinos
já não sou mais um ser que luta contra o tempo

Por isso toco mesmo quando em pensamento
eu já não sinto essa cidade fria e crua
as paisagens que imagino todas suas.

Você não sabe o que me faz a tua ausência
Você não vê o quanto a minha alma é tua
Se estou imersa nesses loucos sentimentos.

A vocalista Rosália Munhoz a interpreta com raiva e gritando, é um canto sem ornamentos e delicadeza, muito comum no estilo punk-rock. Como ser suave e sutil vivendo numa "cidade fria e crua", onde o tempo escapa ao indivíduo? A banda foi formada em 1983 pela baixista Sandra Coutinho, pela guitarrista Ana Machado, ambas estudantes de Jornalismo da ECA-USP, por Rosália Munhoz no vocal, que era estudante de Psicologia na mesma universidade, e na outra guitarra tinha um rapaz, Edgar Scandurra. Não se esqueçam que Edgar e Sandra formariam no ano seguinte o Smack, e ele entraria também para o IRA!. Com tantas bandas para tocar, Edgar deixa As Mercenárias e no seu lugar entra Lou, completando o único grupo feminino do pós-punk paulistano.

Ação na cidade
Meu corpo dolorido
Minha mente cansada
Reprises na TV
Reprises no rádio
O medo é gritante
A destruição constante

Os meus anos reclamam
Ação na cidade

Meu corpo dolorido
Lágrimas no rosto
Eu não tenho armas
Eu não tenho nada
Imagens, mitos
Palavras, palavras
O meu corpo nu
Ação na cidade
Ação na cidade

Quando comparamos essa capa com a de qualquer banda carioca do período, é possível compreender as diferenças entre os estilos das duas capitais e o porquê dos paulistas desprezarem tanto o rock da cidade maravilhosa:

"Ok, você venceu": A new-wave carioca.

(Fonte: http://www.suppidesigns.com.br)

Roupas coloridas, alegria, descontração, canções nascidas nas praias da Zona Sul carioca e não entre os prédios e viadutos cinzentos de São Paulo. Trata-se do primeiro LP da Blitz, chamado "As Aventuras da Blitz", lançado pela EMI-Odeon em 1982. A formação contava com o ator e vocalista Evandro Mesquita, nos *backing vocals* Fernanda Abreu e Márcia Bulcão, o guitarrista Ricardo Barreto, o tecladista Billy Forgueri, o baixista Antonio Pedro e o baterista Juba (este acabara de substituir Lobão, que seguiu carreira solo como cantor e compositor). Antes do LP, a banda lançou um compacto pela mesma gravadora, de um lado com "Você não soube me amar" e, do outro, ouvia-se literalmente: nada, nada e nada. Simplesmente assim, a Blitz emplacou o primeiro hit do rock brasileiro dos anos 1980 e atingiu a marca de 1 milhão de cópias. Após este *single*, o "BRock", como denominou Dapieve (2000), tornou-se hegemônico na cena musical até, pelo menos, 1990. Até a primeira metade da década, as gravadoras "testavam" as bandas lançando compactos, em virtude do baixíssimo custo de produção e da insegurança com o novo produto.

A seguir, o LP de estreia da Legião Urbana:

Capa do primeiro LP da
Legião Urbana (01/1985)

 O estilo dialoga com a capa do disco do Smack: foto em preto e branco, não há movimentos largos de expressão corporal, como na Blitz, estão vestindo roupas que não chamam a atenção e apenas Renato Russo e Renato Rocha olham para a câmera. Acima da foto da banda há o desenho dos prédios do Congresso Nacional e abaixo o de um índio com arco e flecha.

 O título da crítica de José Augusto Lemos, "Esta não é para tocar no rádio", é bastante provocador porque delimita uma fronteira entre "bandas comerciais" e "não comerciais". Talvez até pudéssemos pensar que José Augusto Lemos estivesse estabelecendo mais uma distinção entre o Rio de Janeiro e São Paulo, agora no quesito bandas de rock. A distinção está sendo construída a partir desses elementos estéticos que conferem singularidade à Legião Urbana e ao Smack e, por isso, sob o olhar do crítico, elas têm uma identidade no "pop brasileiro". As letras dos grupos são destacadas, algumas ele nomeia de "obra-prima", estabelecendo outra diferença com as "bandas comerciais", produtoras de músicas de fácil assimilação para serem tocadas nas rádios. Também há de se considerar que "obra-prima" é um atributo usado no campo da arte consagrada para qualificar obras que fogem do que é comumente elaborado na forma e no conteúdo pelos artistas. Na critica ele é usado para, justamente, diferenciar mais uma vez os discos frente ao restante do rock brasileiro, implicitamente frente ao rock carioca, que era preenchido pela superficialidade no que era cantado e ausente de uma filiação musical digna de respeito, já que era um som "comercial".

O arranjo das canções é outro elemento estético que ganha relevo, que tem contornos muito específicos em São Paulo. As bandas do circuito *underground* da cidade são identificadas, pela bibliografia especializada,[18] ao estilo de rock chamado pós-punk porque faziam um som com nítidas influências de bandas inglesas e nova-iorquinas desse estilo surgido no final dos anos 1970, com a proposta de superar a sonoridade limitada do punk rock com uma acentuada melancolia e promovendo o retorno ao "eu", diferente do punk que se dirigia mais à acusação do outro.

O jornalista, para finalizar a crítica, diz qual é a ligação entre a Legião e o Smack: a influência nos LPs de uma banda pós-punk:

> Tão opostos, mesmo assim há um ponto em comum entre o Smack e a Legião: a influência do Joy Division. "Por enquanto" é uma das melhores letras de Renato Russo, mas a introdução instrumental – longas notas de sintetizador sobre um esqueleto frontal de baixo e bateria – é marca registrada alheia. No Smack, ela não se limita a uma canção, está mais difusa e digerida, nos ângulos oblíquos da bateria, certas pontuações da guitarra,

---

18 Sobre o pós-punk em São Paulo, ver Arthur Dapieve (2000, p. 89-91) e Ricardo Alexandre (2004, p. 149-150).

A LEGIÃO URBANA DO UNDERGROUND AO MAINSTREAM

alguns vocais graves e subterrâneos. "Oh Manchester, tanto tens por responder" já cantava Mr. Morrissey, referindo-se a uma onda de assassinatos de crianças que varreu a cidade quando ele ainda era criança. Se ele soubesse...

A filiação é das melhores, claro, mas o degrau alcançado pelos dois discos pede, inevitavelmente, pelo corte dos cordões umbilicais. É a encruzilhada fatal, aquela que confronta as tentativas de sintetizar um pop brasileiro sintonizado com os divisores--de-águas, mas com identidade própria. Até que enfim.

A afinidade estética entre a Legião Urbana, o Smack e o crítico da *Folha de S. Paulo*, um profissional que conhecia e tinha relações de amizade com os roqueiros da cidade, é confirmada pela comparação com o Joy Division. A banda foi formada na cidade de Manchester, na Inglaterra, em 1977, mas ficou conhecida e se tornou uma influência após o seu fim, em 1980, devido ao suicídio do vocalista Ian Curtis, que veio a se consagrar como um compositor de letras melancólicas. Mesmo ela tendo lançado seus discos no final da década de 1970, o Joy Division é registrado no Brasil como uma banda dos anos 1980, talvez devido a sua influência em bandas internacionais e no rock nacional, principalmente nos grupos brasilienses e paulistanos que partilhavam esse interesse e conhecimento por bandas inglesas e americanas pouco ou nada noticiadas no Brasil.

Citar o Joy Division e defender a sua bem-vinda influência na Legião e no Smack, bandas que, a despeito desta, produziam um "pop brasileiro" e não comercial, implicava construir um determinado tipo de avaliação do rock nacional. Saliento "nacional" por que José Augusto Lemos, nessa matéria, fala a favor desses elementos expressivos em benefício do "pop nativo". O tom de seu discurso é de rompimento com uma estética até então de grande sucesso

137

ÉRICA RIBEIRO MAGI

que era, justamente, a das bandas cariocas que não tinham nenhuma ligação com as bandas do pós-punk, adoradas em São Paulo e Brasília. Para isso, ele escreve três vezes "até que enfim", para começar e terminar a crítica e para falar do aparecimento do talentoso cantor Renato Russo. Acaba construindo um discurso que dá a entender que antes dos lançamentos desses LPs, o "pop nativo" era simplesmente ruim, por ser comercial, inocente, "bronzeado" e alegre sem motivos. Assim José Augusto determina um marco de mudança, de virada na produção do rock brasileiro, dando os créditos à Legião Urbana e ao Smack, ou melhor, ao *underground* paulistano pós-punk.

Essa matéria da *Folha de S. Paulo* (26/03/1985) foi a primeira a falar sobre as músicas da Legião Urbana na grande imprensa de São Paulo. Ela foi publicada dois meses após o lançamento do disco de estreia da banda. Apesar dela, as canções demoraram cerca de seis meses para tocar nas rádios, uma vez que a EMI-Odeon colocou o disco no mercado às vésperas do Rock in Rio, mostrando despreocupação ou despreparo em lidar com o próprio produto. Provavelmente, pode-se incluir também certa descrença na banda, pois a gravadora estimou que o LP vendesse míseras 5000 cópias.[19] Naquele contexto, foi uma estimativa muito pessimista diante das vendas das outras bandas iniciantes. Alguns exemplos: o compacto de estreia da Blitz, de 1982, vendeu 1 milhão de cópias; o dos Titãs, de 1984, que trazia o sucesso "Sonífera ilha", vendeu 50 mil; e o do Ultraje a Rigor, lançado em 1983, trazendo a música "Inútil", que era executada nos comícios das Diretas Já, vendeu modestamente 30 mil cópias.[20]

---

19 Segundo Arthur Dapieve (2000, p. 132).

20 Os números de vendas foram colhidos por Arthur Dapieve (2000).

José Augusto Lemos destacou vários elementos expressivos do disco da Legião Urbana caros à estética partilhada por algumas bandas do rock paulistano e que seriam bastante influentes nas críticas da revista *Bizz* em sua primeira fase. O seu leitor poderia ter pensado que a banda o gravou em São Paulo. Ao contrário, a Legião deixou a cidade e foi para o Rio de Janeiro tentar assinar um contrato com a EMI-Odeon por intermédio de Herbert Vianna, um amigo que morou em Brasília, se mudou com a família para o Rio, pouco tempo depois estaria formando os Paralamas do Sucesso e lançando um compacto, em 1983, pela mesma gravadora. Para sua argumentação contra o rock produzido no Rio ganhar mais legitimidade e coerência, José Augusto ocultou esses detalhes que possibilitaram à entrada da Legião no mercado fonográfico ou, melhor, não os considerou pertinentes.[21]

A Legião Urbana e os "ex-alternativos" do Rio de Janeiro

> Minhas tarefas consistiam inicialmente em marcar as laudas de matéria para a gráfica, recolher o material de ilustração, manter Lapi feliz e responder às cartas dos leitores, o que era quase uma psicanálise.
>
> Como eu sabia muito bem, os leitores se julgavam donos da revista, sócios, conspiradores. E eram. Dois escreviam quase toda semana: uns tais Jamari França e José Emílio Rondeau. Eu reclamava com [Luiz Carlos] Maciel: esses caras estão monopolizando as cartas!
>
> Ana Maria Bahiana sobre a primeira versão
> da *Rolling Stone* brasileira (1972-1973).[22]

---

21 Sobre os elementos silenciados no texto jornalístico, ver Alexandre Bergamo (2007, p. 60).

22 www.digestivocultural.com/ensaios, artigo publicado em 27/06/2005.

ÉRICA RIBEIRO MAGI

Foi no Rio de Janeiro que a Legião Urbana consolidou a sua carreira. Gravou todos os discos pela mesma gravadora, a EMI-Odeon, e conseguiu estabelecer uma relação mais estreita com os grandes jornais do estado, *O Globo* e *Jornal do Brasil*. As matérias, em geral, eram maiores, a banda ou Renato Russo, sozinho, davam mais entrevistas e os assuntos não se restringiam ao novo LP, os jornalistas perguntavam-lhes sobre a mídia, literatura, o público, a MPB, polêmicas em torno do rock nacional etc. Já na *Folha de S. Paulo* e no *Estado de São Paulo*, a Legião era motivo de matéria quando estavam lançando disco e quando iriam fazer shows na cidade. Uma hipótese a ser analisada é a de que dentro da imprensa paulista a Legião Urbana tinha um maior respaldo e espaço para longas entrevistas e reportagens na revista *Bizz*, em comparação aos jornais, porque para lá foram trabalhar algumas pessoas que conheciam a banda desde os seus primeiros shows em São Paulo, como já citei, Alex Antunes e José Augusto Lemos e, também, Cadão Volpato e Celso Pucci. Alex não esconde que tinha uma relação próxima com Renato Russo, Dado Villa-Lobos e Marcelo Bonfá e que dela se utilizava para o seu trabalho de jornalista da revista:[23]

Érica: Eu estava lendo, na *Bizz* de janeiro de 1992, a entrevista que [você] fez com a Legião e achei bem legal o diálogo que você estabeleceu com eles. Você saberia me dizer quem era o editor da revista nesse período? O editorial não foi assinado.

Alex: o editor da revista era o Zé Augusto Lemos, mas a gente costumava revezar nos editoriais – tem alguns nessa fase nos quais eu me reconheci. O diálogo com a Legião Urbana foi beneficiado pelo fato de que

---

23 Conversa entre mim e Alex Antunes no Orkut nos dias 14 e 15 de janeiro de 2009. Mantive a forma como nós e escrevemos.

eu conhecia os caras desde o primeiro show em SP, no Napalm. Tem uma entrevista da Legião em que o [Renato] Russo diz que eles foram pro Rio, e não pra SP (que aparentemente tinha mais a ver com a "seriedade" da banda) porque o pessoal de São Paulo pegava pesado – tipo um apê [apartamento] em que eles ficaram que tinha uma geladeira cujo único conteúdo era uma garrafa de vodka... bom, essa era a minha casa.

Nessa mesma entrevista que Alex cita,[24] Renato Russo diz que o Rio de Janeiro era um ambiente mais "familiar" e São Paulo dava um "certo medo". Renato era carioca, viveu na cidade até os sete anos de idade, quando a família se mudou para Nova York, e retornou ao Brasil por volta dos 11 anos, indo morar em Brasília. E no ensolarado Rio de Janeiro a "seriedade" da Legião Urbana foi defendida pelos novatos jornalistas e por aqueles com alguns anos de carreira:

Legião Urbana
Guinada para o lírico

Os bailarinos quicantes de "Será", "Geração Coca-Cola" e outros sucessos do primeiro LP não vão acreditar no som de Legião Urbana 2, o segundo LP da banda de ponta do Planalto Central, lançado finalmente pela EMI-Odeon. O disco seria um dos mais fortes candidatos a um Grammy caboclo, se tal prêmio existisse por aqui, graças ao amadurecimento musical que a Legião demonstra, dando uma guinada das cores punks para uma mistura de coisas líricas e engajadas a partir de uma poética elaborada dessa nossa mistura de Morrison e Morrisey concentrada em Renato Russo. Completam a alquimia Renato Rocha (baixo), Marcelo Bonfá (bateria) e Dado Villa-Lobos (guitarras).

---

24 Entrevista à Sônia Maia. Revista *Bizz*, Editora Azul, ed. 46, maio de 1986, p. 42-43

> Na parte musical, a Legião guinou para o rock acústico: os violões ocupam o primeiro plano em cinco das 13 faixas do LP, as guitarras distorcidas imperam ainda nas *três* músicas com temas sociais, "Metrópole", "Fábrica" e "Química", consagrada antes pelos Paralamas do Sucesso. Não há pontos fracos no LP, a agulha corre leve de "Daniel na Cova dos Leões", a abertura do primeiro lado, à "Química", o corrosivo encerramento do disco.[25]
>
> Jamari França

Os elementos expressivos assinalados assemelham-se aos defendidos por José Augusto Lemos: as letras têm "poética", Renato Russo mais uma vez é comparado ao vocalista do grupo The Smiths, Morrisey. Jamari apenas agrega Van Morrison à mistura, faz uma "análise" destacando as sonoridades do LP e estas sendo as responsáveis pela evolução artística da Legião Urbana: o uso de violões em canções "líricas" e "engajadas", e ainda restando guitarras como as do punk-rock, presentes no primeiro disco, em canções sobre "temas sociais".

Tanto nessa crítica quanto na de José Augusto, o rock internacional, em particular o rock inglês, é o ponto de partida para se escrever sobre a Legião Urbana. Jamari França não compara o seu "som" com nenhuma outra banda ou artista brasileiro de outra geração. Ele não cita, por exemplo, os Mutantes, Raul Seixas ou a fase roqueira de Roberto e Erasmo Carlos. É como se o rock tivesse chegado ao Brasil na década de 1980 ou, sendo menos radical, poderíamos pensar que este rock não estabeleceu nenhum diálogo com a música brasileira para esses críticos. Ao final, Jamari relaciona o rock dos anos 1980 à MPB:

---

25 *Jornal do Brasil*, Rio de Janeiro, 26/07/1986).

A LEGIÃO URBANA DO UNDERGROUND AO MAINSTREAM

Impossível passar impunemente pela audição de Legião Urbana 2. O disco vem reforçar a ideia de que 1986 é o ano de consolidação do rock brasileiro, deixando de lado uma retranca chamada Rock Brasil para integrar-se de vez na Música Popular Brasileira como a nova MPB, que saúda a *old* MPB e pede passagem. A Legião está na comissão de frente desse desfile campeoníssimo.

É evidente que o crítico tinha consciência do espaço desprestigiado que o rock nacional ocupava no campo da música popular brasileira e de forma deliberada defende que a renovação da MPB será realizada pelos jovens roqueiros. Mas o problema não se limita ao rock em si, quando Jamari o defende na sua coluna no *Jornal do Brasil* está consagrando a sua pauta de "análise", o rock, e o seu trabalho enquanto crítico profissional. É possível pensar que ele não pertença ao círculo de sociabilidade dos artistas da MPB, ou melhor, como ele diz, da "old MPB", por isso o seu texto é tão direto e fala sem pudores da "velha" música popular brasileira, ou seja, é o rock que expressa algo hoje em dia.

Contudo, fica em aberto: era a Legião Urbana que não estabelecia contato algum com a MPB, apenas com o rock internacional, ou era o próprio Jamari França que assim agia? Quais gêneros musicais e artistas eram pauta na crítica musical até os anos 1980? E qual gênero, a MPB, o rock de Raul Seixas e Rita Lee, os cantores cafonas, o samba, detinha maior espaço nos jornais? Provavelmente, não era o rock nacional porque grande parte das matérias publicadas nos anos 1980 tem no tom uma urgência de dizer que o rock brasileiro é "sério", tem qualidade, tem bons compositores, tem bons cantores, portanto, expressa uma tentativa de distanciar o gênero de conceitos como "alienado" e de "música importada" destituída de motivos para existir no Brasil, ouvidos pelos artistas do programa de TV Jovem Guarda e ainda vigentes nos anos 1970.

ÉRICA RIBEIRO MAGI

Os primeiros "textos" de Jamari França que encontrei estão na seção de cartas, espaço reservado aos leitores, da primeira versão brasileira da *Rolling Stone*,[26] editada no Rio de Janeiro por Luiz Carlos Maciel e cujas 36 edições saíram entre 1972 e 1973. A revista foi considerada uma das publicações alternativas que expressaram a contracultura em nosso país, que se opuseram de modo particular ao regime militar e contribuíram para a formação de uma "nova consciência de caráter internacional"[27] da juventude de classe média.

Quem fazia parte dessa juventude carioca de classe média produtora e leitora dessas publicações alternativas sobre rock e o movimento *hippie*? E o que elas têm a ver com a consagração do tema "bandas e artistas do rock" na grande imprensa dos anos 1980?

A passagem da década de 1970 para a de 1980 no campo da música popular brasileira, da imprensa e do mercado fonográfico me parece não ser um problema muito discutido, sobretudo no que diz respeito à mudança de *status* sofrida pelo rock nacional e internacional no Brasil. Ela dificilmente é compreendida dentro de um processo histórico-social, pois o tom do discurso dos livros jornalísticos e, até mesmo, de trabalhos acadêmicos, é o de ruptura: o rock produzido no Brasil deixou de ser música alternativa ou *underground*, ouvida e produzida por uma minoria de fãs e conse-

---

26 A revista especializada em rock *Rolling Stone* surgiu nos Estados Unidos em 1967. Hoje ela continua sendo publicada e tem versões em vários países, inclusive no Brasil, onde voltou a ser editada em 2006, enfocando outros temas também, como política, meio ambiente, comportamento e moda para os jovens.

27 Sobre isso, ver o trabalho de Barros (2007).

guiu "explodir" em 1982 com a canção: "Você não soube me amar", da banda carioca Blitz.

Uma maneira de compreender a mudança ocorrida nas relações entre esses gêneros musicais e seus artistas no Brasil, para não repetirmos a expressão "a explosão do rock brasileiro nos anos 1980", é por meio do resgate e da análise das trajetórias dos profissionais, jornalistas e produtores musicais, envolvidos, deliberadamente ou não, com a consolidação de espaços para si próprios dentro da grande imprensa e das gravadoras, enfim, para o que eles pensavam sobre música brasileira em relação à música estrangeira.

O autor da citada matéria sobre o segundo LP da Legião Urbana, Jamari França, foi leitor assíduo da revista *Rolling Stone,* como nos conta Ana Maria Bahiana em seu artigo citado na epígrafe deste tópico, que lá começou como secretária da redação e era responsável, entre outras coisas, por responder às cartas dos leitores. A jornalista também nos revela um outro leitor, com quem se casaria pouco tempo depois: José Emílio Rondeau, o qual se tornaria editor e crítico da revista *Bizz*, nos anos 1980, e produtor musical, trabalhando no disco de estreia da Legião Urbana e também com outras bandas, como Picassos Falsos e Camisa de Vênus. E a dona dessas memórias? Ainda não sabemos se Ana Maria Bahiana, e do mesmo modo Jamari, Jose Emilio e outros profissionais com alguns de anos de profissão, já eram em fins dos anos 1970 críticos de música reconhecidos e respeitados ou se eles também consolidaram suas carreiras e seus espaços na grande imprensa na década de 1980. Reproduzindo um pequeno trecho de Arthur Dapieve é possível, pelo menos, verificar como atualmente é compreendida a relação desses profissionais com o rock nos anos 1980:

ÉRICA RIBEIRO MAGI

> Além do eixo Circo/Fluminense, a afirmação do BRock passou também pela presença de pessoas-chave nos meios de comunicação. No jornal "O Globo" e na revista "Pipoca Moderna", Ana Maria Bahiana. No "Jornal do Brasil", Jamari França. Na revista "SomTrês" e na rádio Excelsior FM, de São Paulo, Maurício Kubrusly. (DAPIEVE, p. 32, 2000).

Uma rápida explicação para o entendimento: "BRock" é o termo criado por Dapieve para se referir ao rock nacional dos anos 1980. A sua interpretação nos induz a pensar que esses jornalistas eram reconhecidos no período por trabalharem na grande imprensa. Contudo, a questão ainda permanece. Dapieve pode estar fazendo uma análise baseada no presente – a primeira edição desse livro é de 1995 –, quando esses críticos eram de fato reconhecidos e o rock nacional estava consolidado na imprensa e no mercado fonográfico.

Em resumo, para se compreender a relação entre a imprensa carioca e os roqueiros nos anos 1980 é preciso resgatar a trajetória profissional de determinados críticos e produtores musicais – Ana Maria Bahiana, José Emilio Rondeau, Jamari França –, saber que as suas experiências sociais na produção ou na leitura da primeira *Rolling Stone* brasileira deram elementos para o aprendizado de cada um sobre o que é escrever a crítica de um disco de rock, o que é uma banda, enfim, o que é rock. E é óbvio que eles colocaram em prática esse aprendizado para falar sobre o rock brasileiro produzido nos anos 1980. Por isso tratar a passagem dos anos 1970 para os 1980 com o tom de ruptura – da noite para o dia o rock brasileiro tomou os espaços da MPB e ganhou o *status* de "sério" e "politizado" – é analisar superficialmente o contexto.

A imprensa especializada

penso em me vingar

Não sou assim
A tua insegurança era por m
Não basta o compromisso,
Vale mais o coração
Já que não me entendes, não me j
Não me tentes
O que sabes fazer agora
Veio tudo de nossas horas
Eu não minto, eu não sou assim

nguém sabia e ninguém viu
u estava a teu lado então
sou bicho, sou anjo e sou mulher
a minha filha,
ha menina
inha e não de quem qui
meu amor

Em um dado momento da pesquisa empírica comecei – de fato – a notar que análise da consolidação do campo do rock brasileiro na década de 1980 não poderia apenas se concentrar na trajetória e na interpretação dos discos da Legião Urbana, pois essa escolha encobriria as relações objetivas entre a banda e outros agentes sociais do campo e, assim, o próprio entendimento da música produzida. De maneira alguma pretendo "dar conta" da função (ou das funções) do jornalismo no cotidiano de seus leitores, mas sim colocar em evidência outra relação que as fontes não cansam de mostrar a quem quiser ler: entre o jovem leitor e ouvinte de rock e a sua profissionalização como músico ou jornalista especializado dentro do processo de autonomização do campo do rock brasileiro.

A Legião Urbana conheceu e se aproximou de uma turma de amigos que frequentavam os mesmos lugares, como o Napalm, Carbono 14 e o Madame Satã, onde as bandas tocavam. Os amigos eram Cadão Volpato, Thomas Pappon, Celso Pucci (MinhoK), Bia Abramo e Alex Antunes. Todos eles foram alunos da USP e lá se conheceram – Alex, Cadão, Thomas e Celso estudavam na ECA e a Bia cursava Psicologia. Alex e Bia deixaram a universidade e, até hoje, não têm diploma de curso superior. Contudo, pela conversa que tive com eles em janeiro de 2010, a falta de diploma não lhes foi um empecilho para que começassem suas carreiras na revista *Bizz* e para continuarem trabalhando com jornalismo. Outras demandas lhes foram requisitadas, como ter um profundo conhecimento do rock internacional e sobre cultura em geral.

Uma longa entrevista da Legião Urbana à *Bizz* expõe um pouco o aprendizado de música a que tiveram acesso em Brasília, antes de irem tentar a carreia em São Paulo:

Dado [Villa-Lobos]: Brasília é um universo muito pequeno – você acaba conhecendo todo mundo do teu meio, todos os jovens. Havia duas facções: a da MPB – Milton Nascimento, Djavan, Caetano... – e essa outra, a depravada.

Renato [Russo]: Entre as pessoas que ouviam rock – gozado, porque são as grandes amizades que eu tenho até hoje –, o elo foi à música. Tenho um grande amigo em Brasília. Outro dia estávamos conversando e eu perguntei: "Como a gente ficou amigo?". E ele me contou que tinha voltado de Paris com uns discos e eu disse: "Oh, discos novos na cidade"´. Importados e tal. Aí eu fui lá catar alguns e ficamos amigos. Isso antes mesmo do punk, quando já tinha um pessoal que gostava de rock: Mas era uma, duas pessoas. Naquela época eu já tinha ouvido Velvet Underground!

Dado: Era sempre alguém que vinha de fora. Brasília tem sempre alguém chegando e indo embora...

Renato: Tanto por ser filho de diplomata como por causa do pessoal das embaixadas... Agora, começou mesmo porque em Brasília tinha os jornaizinhos – *Melody Maker, New Musical Express...* – e eu sempre lia. Ganhava minha semana de 50 cruzeiros, cada jornal custava 5 e eu comprava dez – lia, lia e lia... Ficava procurando entrevista com Led Zeppelin – bem que na época eu não estava ouvindo Led Zeppelin, e sim Joni Mitchell, Bob Dylan...

A LEGIÃO URBANA DO UNDERGROUND AO MAINSTREAM

Esse aprendizado está ligado ao acesso a discos, a jornais ingleses (*Melody Maker* e *New Musical Express*) e a informações sobre o que estava acontecendo na cultura pop. Eram adquiridas em primeira mão por eles no final dos anos 1970. Outro ponto importante: todos sabiam ler em inglês – é claro que esses jornais não eram traduzidos para o português, eram importados ou trazidos por alguém que havia chegado do exterior.

Logo depois dessa resposta, Renato fala como descobriu o punk-rock morando na longínqua capital federal:

Bizz: Isso foi quando?

Renato: De 1976 a 1978. Eu ouvia rock progressivo. Aí o progressivo acabou. É aquela velha história – já falei isso tantas vezes! O Rick Wakeman saiu do Yes, o Robert Fripp acabou com o King Crimson, o Peter Gabriel saiu do Genesis... Então o Emerson, Lake and Palme lançou aquele Works, que era horrível – não tão horrível assim e foi acabando e não apareceu nada. Comecei a ouvir anos 19 60 – Beach Boys, Jefferson Airplane, Bob Dylan – e descobri uma porção de coisas que eu não conhecia. Foi quando comecei a ouvir Leonard Cohen, coisas assim. Aí os jornais começaram a falar mal de toda essa gente, chamando-os de hippies velhos e apontando os Pistols. Até hoje eu tenho um *Melody Maker* com um texto sobre uma apresentação dos Pistols, onde um cara levou uma navalhada no olho etc. Isso começou a me interessar, porque eu ficava curioso: "Quem são? Falam tão bem! Vamos ver o que que é?". Eu tinha um professor de inglês, chamado Ian, que viajava muito na época. Ele foi para a Inglaterra e eu perguntei: "O que está acontecendo lá?" E ele: "Está acontecendo uma coisa com Sex Pistols?!?´?!"[1]

---

1   Entrevista da Legião Urbana à Sonia Maia. Revista *Bizz*, abril de 1989, ed. 45, p. 36-37).

ÉRICA RIBEIRO MAGI

Além dessas experiências com o rock e suas notícias, propiciadas por essa rede de sociabilidade na forma de uma turma de amigos, essa entrevista dá uma boa dimensão do aprendizado social pelo qual eles passaram até se tornarem artistas conhecidos: ouvir cada vez mais discos, ler jornais especializados e importados, conversar com as pessoas que viajavam para a Europa e Estados Unidos. Esse aprendizado é prático, demanda disciplina e esforço para estar sempre atrás de novidades, numa época, nem tão remota assim, em que não existia Internet e tudo o que ela nos oferece hoje: troca gratuita de arquivos de música e vídeo, sites e blogs especializados em música, a possibilidade de conhecer pessoas e o Youtube, que acabou se tornando uma fonte de pesquisa de raridades.

Outra característica desse processo de aprendizado é que ele foi, muitas vezes, intermediado e alimentado pela imprensa. Não bastava ouvir o disco, era também preciso ler sobre ele e saber o que a banda e o artista diziam em entrevistas. O texto jornalístico pode despertar no leitor curiosidade, como aconteceu com Renato, raiva e ódio, se ele humilhar o seu ídolo, e vontade de comprar o "tal" disco tão elogiado – é claro que o jornalismo especializado em música, sobretudo o inglês, contribuiu para a formação desses jovens roqueiros de Brasília que, pouco tempo depois, estariam vendendo discos e concedendo entrevistas.

Alex Antunes relata como foi o encontro entre a Legião Urbana e eles:

Alex: Então, essa movimentação toda era muito interessante e tinha muita informação. Isso é engraçado porque quando a Legião saiu de Brasília e chegaram em São Paulo, a gente ficou muito surpreso por que eles tinham o mesmo tipo e quantidade de informação que a gente tinha em relação, principalmente, ao rock inglês. Mas muito por conta daquela história dos discos, da mala diplomática – eles se alimentavam de discos que vinham de fora. Aí os caras estavam mais ou menos no mesmo estágio da conversa que a gente estava (risos).

Érica: Vocês estavam no mesmo nível de informação?

Alex: A gente tinha uma queda mais teórica, vamos dizer assim. E eles uma queda mais punk – eles se consideravam punks. É que em Brasília, você gostar de punk-rock era suficiente para você se considerar punk. Aqui em São Paulo, você era punk se você viesse do subúrbio. As tentativas de algumas pessoas se dizerem punks foram reprimidas pelos punks. Até 78, 79 a gente não tinha ouvido falar dos punks do subúrbio, a gente só ouviu falar com o Festival.

[Festival O Começo do Fim do Mundo, realizado no Sesc-Pompeia, em 1982]

Além de terem um grande conhecimento de rock, Alex, Cadão, MinhoK e Thomas Pappon também tinham suas bandas e tocavam no mesmo circuito em que as bandas de Brasília se apresentaram em São Paulo. Alex e MinhoK formaram a banda Nº 2, Thomas integrava o Voluntários da Pátria e Cadão tocava no grupo Fellini. O Nº 2 durou pouco tempo e, logo, Alex e o baixista Akira S formaram o Akira S & As Garotas que Erraram. Embora essas bandas tenham lançado discos independentes, nenhum deles viveu só de música, como artistas. Ainda assim, eles conviviam com o rock de outra maneira: trabalhando na revista *Bizz*.

Eu recomendo o que vocês ouvem: jornalistas especializados em pop e rock no Brasil

Para se tornar um jornalista "especializado" em música, o indivíduo teria que possuir o mesmo capital cultural de um músico profissional. Esse conhecimento, como já mencionei, era apreendido na vida prática: comprando e ouvindo muitos discos, lendo, indo a shows e, se possível, tendo alguma proximidade com os artistas. O primeiro quadro de colaboradores da *Bizz*, que vai de 1985 a 1989, foi constituído por pessoas envolvidas com o rock produzido no período, ao mesmo tempo em que alguns deles atuavam na cena também como músicos. Bia Abramo contribuiu com outros dados e curiosidades sobre o encontro dos amigos e dela com a Legião Urbana:

Érica: Vocês tinham as mesmas referências de música? Por exemplo, do rock inglês?

Bia: Tinha, eram as mesmas referências. Eu me lembro do Alex [Antunes]... Nessa época, o Alex, o Cadão e o MinhoK moravam no mesmo apartamento no centro. E o Alex tinha uma puta coleção de discos e o MinhoK também, eles foram fazendo ao longo da adolescência. O Alex tinha fichas de cada disco que ele tinha, com nome, quem tocou, quem saiu da banda e foi pra onde. Ele tinha um fichário inacreditável, e aí eu me lembro da cara do Renato [Russo] olhando para o fichário (risos). Aí eles [a Legião Urbana] queriam ficar mais tempo em São Paulo, eles tinham vindo com uma grana, sei lá, e aí nessa ocasião o Dado [Villa-Lobos] começou a namorar com a Fernanda, que era do *fanzine* Spalt, e estão casados até hoje, né? Aí eles queriam ficar um pouco mais em São Paulo pra circular, pra ver os shows, mas não tinham mais grana. Aí o Dado ficou com a Fernanda e os meninos [Alex, Cadão e MinhoK] convidaram o Renato e o Bonfá pro apartamento.

Na entrevista que fiz com o Alex Antunes dois dias antes, ele não demonstrou ser sistemático na organização de seus discos e das informações e quase sempre ele terminava de responder às perguntas dando risadas. Essa sistematização e a disciplina que imperam no aprendizado para que o indivíduo seja um músico ou um jornalista especializado encobrem aquela ideia de que ambas as profissões são exercidas por sujeitos essencialmente intuitivos e cheios de talento. Não que a intuição inexista, mas não é somente dela que o trabalho surge, seja ele a resenha de um disco ou a composição de uma canção.

A ascensão do público roqueiro: o Rock in Rio I e a revista *Bizz*

Por ora, poderei tecer considerações muito gerais sobre o público do rock brasileiro dos anos 1980, porque este foi um problema que surgiu ao final desta pesquisa, não era o seu objetivo inicial. Auerbach (2007) nos ajuda muito a começar a pensar sobre as relações entre um público e a criação de uma forma cultural:

> Assim, o mesmo público que tentamos caracterizar mais acima como cultivado e despido de função social pôde servir de suporte à tragédia. Assim, ainda, uma camada que, por sua situação econômica e social, facilmente poderíamos julgar trivial e incapaz de grandes ímpetos pôde criar uma forma literária que é tudo menos trivial e superficial. Pois a tragédia francesa não é feita de tédio e pompa, como se pensava e no fundo ainda se pensa na Alemanha, nem é meramente normativa e classicista, como quer a tradição francesa. Aquele público de "pessoas morais" criou para si uma grande forma, em que justamente a pessoa moral, na fortaleza extramundana de sua *gloire* e *générosité*, podia se ver representada e realizada. O público criou para si um mundo além da história e da vida cotidiana, em que a pessoa moral podia viver por si, morrer sozinha e triunfar para si e seus semelhantes. (AUERBACH, 2007, p. 278).

Público e obra não podem ser analisados como se fossem iguais e homogêneos, um o reflexo do outro. São relações construídas e que podemos vê-las representadas nas obras, e não refletidas. Foi de uma parcela desse público consumidor de rock e urbano que emergiram as bandas e os jornalistas. Estes se especializariam em rock e pop na grande imprensa de São Paulo e Rio de Janeiro. Como se caracterizava essa parcela do público roqueiro no Brasil? Apaixonados pela música e pela informação que alimentava, a cada dia, a coleção de discos e revistas/jornais daqueles adolescentes entrando para a vida adulta. Mas até hoje existem meninos e meninas apaixonados por música – a paixão por si só não possibilitou a consolidação de um espaço relativamente autônomo para o rock cantado em português no campo da música popular brasileira na década de 1980. Escrever, compor, produzir e cantar rock foi o trabalho defendido por cada um deles no processo de consolidação do campo do rock. A construção diária deste princípio – rock é o meu trabalho – foi importantíssima para a consolidação e o desenvolvimento da produção cultural em torno do rock e do pop dentro da imprensa e das gravadoras.

Ainda assim, a paixão de modo algum é um elemento desprezível. Ela pode ser compreendida dentro do que Auerbach (2004) chama de "espírito de uma época": a consciência de jovens de quererem romper com um gênero musical, a MPB, que não lhes comunicava nada, tocando e compondo rock; escrevendo sobre ele na imprensa e produzindo-o dentro das gravadoras. Enfim, o rock foi a forma cultural utilizada por eles para se construírem enquanto profissionais, e nada anônimos.

O anonimato, a dificuldade para entrar em uma gravadora e para tocar nas estações de rádio seria a condição assumida por quem se propusesse a cantar e compor rock no Brasil até fins dos anos 1970. É claro, com raras exceções, como Raul Seixas, Secos e Molhados e Rita Lee. Essa condição é apreendida nas fontes jornalísticas do início dos anos 1980 em um tom de felicidade e de emergência ao falar sobre o sucesso das novas bandas e o aparecimento de novos ídolos na música brasileira. O veterano jornalista musical José Emílio Rondeau nos oferece algumas pistas dessa alegria com a emergência do rock nacional na mídia:

> E assim se passou um ano: o rock deixou de ser um vírus estranho ao organismo brasileiro e se transformou num fato da vida. *Bizz* acompanhou esta evolução passo a passo, riff a riff. Para celebrar estes primeiros doze meses de checagem constante do pulso jovem – sempre atentando para os principais sinais de vida inteligente na música, no cinema e no vídeo – resolvemos apontar nossas baterias para o futuro. Formulamos uma pergunta capciosa – quem e o que vai ser quente? Quem e o que, daqui a muito pouco, estará ocupando rádios, estádios, TVs e capas de revista? – a um time atento: José Augusto Lemos, Hermano Jr. (antropólogo e irmão de um Paralama que usava óculos) e Ana Maria Bahiana.
>
> (José Emílio Rondeau, editorial da revista *Bizz*, ed. 12, julho de 1986.)

José Emílio foi o primeiro editor-chefe da revista *Bizz*, criada na Editora Abril, e que chegou às bancas em agosto de 1985. Era uma publicação mensal que se propunha a tratar do universo daquela "nova" geração de jovens brasileiros, que as "pesquisadoras" enviadas pela editora observaram durante os dez dias de shows de bandas e artistas nacionais e internacionais no Rock in Rio I, realizado em janeiro do mesmo ano. Estavam lá as jornalistas Sônia Maia e Luiza de Oliveira coletando dados para uma possível revista, direcionada aos jovens, que a Abril vinha planejando.

> "E assim se passou um ano", como começa o editorial, contempla o aniversário de um ano da *Bizz* e o novo *status* do rock brasileiro. O editor engata essa mudança sofrida pelo gênero musical ao aparecimento da revista. E não apenas do rock cantado em português, como também o internacional

e os artistas do pop eram pautas. Já na capa do primeiro número da revista e nas chamadas das matérias vê-se um grande olhar voltado para o panorama internacional:

(Revista *Bizz*, Editora Abril, nº 1, agosto de 1985)

Bruce Springsteen, Madonna, Sting, Tina Turner, Eurythmics, Talking Heads e apenas três solitários nomes nacionais: Gilberto Gil, Ultraje a Rigor e Rita Lee. Essa diferença significa um desprezo pela cena musical brasileira, como poderiam pensar os críticos defensores do nacional-popular? Acredito que não, porque o que estava em perspectiva era informar o jovem leitor da revista sobre os nomes internacionais. Outra diferença aprendida no período é que a ideologia do nacional-popular não dava mais mostras de influência nas relações culturais e políticas. Como vimos nas entrevistas com Bia Abramo, Alex Antunes, Arthur Dapieve e Pepe Escobar, existia um forte interesse daquela juventude em se informar sobre os rumos do rock e do pop internacionais. E a *Bizz* tomou para si esse papel de ser uma revista "mundializada". E, pessoalmente, esses jornalistas em processo de profissionalização não se interessavam pelo restante da produção musical brasileira: MPB, samba, música instrumental, "Vanguarda Paulista". Como grande parte dos músicos, eles também não tinham ligação ou identificação com a música popular brasileira quando jovens.

E no Rio de Janeiro, como se deu esse embate entre os interesses dos "mais velhos" e os que estavam chegando à imprensa no início dos anos 1980? Arthur Dapieve nos fala longamente sobre isso e o que sua "turma" e ele tiveram que enfrentar na redação do *Jornal do Brasil*:

Érica: Voltando ao seu trabalho nos anos 1980, você escrevia sobre MPB também? Não encontrei nada.

Arthur: Não, não. Só sobre rock. Comecei a escrever sobre MPB depois.

Érica: Depois?

Arthur: É... Só, na verdade, em meados dos anos 1990. Até porque era por uma questão meio ideológica escrever sobre rock.

Érica: Em que sentido, ideológico?

Arthur: Ideológico por que aquela geração se via senão como revolucionária, mas era vinha contra a MPB estabelecida.

Arthur: E mesmo àquela que combatia o regime [militar], fazia crítica, tinha se aburguesado de certa forma. Tinha se conformado com metáforas que não comunicavam com o grande público.

Érica: Tava estabelecida mesmo.

Arthur: É, tava com o boi na sombra. E isso nos incomodava. E aí – como o movimento punk tinha feito lá fora – essa turma, mesmo que a música só distantemente ecoasse os punks ela fazia esse papel aqui.

Érica: Era mais a atitude [punk]

Arthur: Mais a atitude. Depois é claro boa parte desse pessoal fez as pazes, começou a se misturar com a música brasileira, a própria Legião, os Paralamas. Mas naquele momento era preciso fazer uma cisão. E aí a minha turma na imprensa era meio isso: não vamos tratar desses caras não, esses caras envelheceram, não tem mais nada pra falar pros jovens. É claro, quando a gente envelheceu também, a gente percebeu os méritos e passou a escrever porque era informação pra gente também.

Érica: Então dentro da sua turma no jornalismo tinha essa cisão no jornalismo cultural.

Arthur: É, no Caderno B, onde eu comecei a trabalhar tinha assim: tinha um grupo que a gente chamava de "meninas do B", que do meu ponto de vista eram velhíssimas, mas deviam ser mais jovens do que eu sou hoje. Eram umas repórteres de cultura veteranas, mas que tinham a cabeça pré--movimento punk. Então era MPB, muita exposição alternativa de artes plásticas, muita política cultural. E aí chegou uma garotada patrocinada pelo Zuenir Ventura, que era mais velho que todo mundo, mas tinha a cabeça boa, pra dar uma sacudida nisso. De primeiro tinha uma página jovem, chamava-se "Página Jovem", que era a última página do Caderno B, editada pelo Joaquim Ferreira dos Santos que hoje tem uma coluna no *Globo*. E ali o assunto era só música pop, quadrinhos, coisas diferentes, esportes radicais.

Érica: Eles perceberam que existia uma demanda, um público leitor pra isso?

Arthur: Sim, sim existia público. Tradicionalmente o leitor chega ao jornal pelo caderno de cultura. A gente começa a ler por ali.

É muito perceptível o sentimento de que eles necessitavam criar um espaço de trabalho para si mesmos, porque se a balança continuasse pendendo para as pautas consagradas (MPB, por exemplo), Arthur Dapieve e colegas não teriam sido tão bem sucedidos enquanto jornalistas. Nesse sentido, o que significa ser bem sucedido? Ter as suas pautas consagradas também. A geração roqueira dos anos 1980 tratou o rock de maneira muito séria e profissional. Isso foi fundamental.

Discos na parede

Meu coração é tão tosco

Não sabe ainda os caminh

...ando não estás aqui

...ho medo de mim mesmo

...falta do teu corpo junt

...sa pra mim

...i esperar

...essas dem

Uma "causa verdadeira" para produzir

Entrevistei o ex-produtor da Legião Urbana, Mayrton Bahia, nascido em Niterói (RJ) no ano de 1956. Hoje ele não produz mais nenhum artista ou banda, ao menos que consigam surpreendê-lo com algo "verdadeiro" e "sincero", como ele exige. No final de 1999, Mayrton criou o curso superior de Produção Fonográfica, o primeiro do Brasil, na Universidade Estácio de Sá, no Rio de Janeiro. É formado em Engenharia Eletrônica, cursou por três anos o curso de Música da UFRJ (Universidade Federal do Rio de Janeiro) e, recentemente, defendeu o seu mestrado na área de Educação. Trabalhou por quase vinte anos no mercado de gravadoras. Produziu e foi técnico de som de artistas consagrados da MPB e do samba, como Elis Regina, Clara Nunes, Ivan Lins, Roberto Ribeiro, João Gilberto e, nos anos 1980, passou a conviver com as novas bandas de rock no corredor da EMI-Odeon, no Rio de Janeiro. Em pouco tempo, foi escolhido para dirigir um *cast* (elenco) composto pelos Paralamas do Sucesso, pela Blitz e, um tempo depois, pela Legião Urbana.

A minha questão maior era entender, primeiramente, por que as gravadoras apostaram nessas bandas, antes de indagá-lo sobre a Legião:

Érica: E a gravadora, a EMI-Odeon, como ela via essa garotada de 20 anos?

Mayrton: Ela via como uma forma de economizar grana. O que acontece? Tinha a estrutura toda, nós passamos por várias crises financeiras, a crise do petróleo – tudo quanto é crise afetava o disco – e tinha que cortar despesa, cortar custo, tinha briga com o sindicato dos músicos, porque tinha que cortar o período de pagamento dos músicos. Nesse momento, exatamente, era um momento de crise econômica no início dos anos 1980, e a gente tinha o estúdio com toda aquela tecnologia e uma banda, onde você não paga os músicos. Eles são os músicos! Então a gente podia contratar. Se vender, ganha e se não vender, não ganha!

Érica: E ainda com repertório próprio.

Mayrton: Claro! Então era barato! Juntou tudo: a demanda, a necessidade de expressão do jovem...

Érica: Vocês perceberam que tinha público consumidor, então?

Mayrton: Sim, claro, porque a gente ia nos lugares. Ia a São Paulo, ia nos guetos onde tocavam as bandas. A gente ia lá no meio da garotada pra ver o que estava acontecendo.

Érica: No Circo Voador.

Mayrton: A gente era jovem também nessa época. (risos).

Se foi para economizar dinheiro e com a possibilidade de ter lucro, a aposta foi muito bem sucedida. A Legião Urbana, até mesmo para as modestas expectativas da gravadora, no seu segundo LP (1986) vendeu 700 mil cópias e passou a integrar o orçamento anual da EMI-Odeon no Brasil, segundo a entrevista de Mayrton. Ou seja, a companhia passou a contar com os lucros dos discos da Legião Urbana para fechar o caixa no azul.

Essa era a perspectiva da gravadora frente às bandas. E qual era a do produtor? Será que ele não via outros elementos que não apenas o lucro? Perguntei o porquê de ele ter acreditado na Legião, insistindo para que eles não desistissem de gravar o primeiro disco:

Érica: Você acreditou neles.

Mayrton: Acreditei. Aí abracei a causa.

Érica: Você sabe me dizer por que você acreditou neles?

Mayrton: Por que era verdadeiro. Eu me identificava com a maneira deles de ser, eles eram extremamente verdadeiros.

Mayrton: O pessoal fala muito que o Renato era isso, era aquilo. O Renato era muito engraçado, tinha um senso de humor engraçadíssimo. Quando ele ficava azedo era por causa de droga e bebida.

Érica: Ele aceitava opinião no trabalho dele?

Mayrton: Aceitava. Tinha diálogo. E os três eram muito sinceros. O Renato, o Dado e o Bonfá, eles sabiam exatamente o que eles não queriam, e eles sempre tiveram um senso de ética muito forte com relação ao trabalho deles, com relação à gravadora, ao que eles gravavam, ao que eles falavam na imprensa. E até hoje. Eu sempre admirei isso: eles eram muito éticos e verdadeiros. O Dado eu considero um gentleman, um cara assim fino no sentido bom da coisa, de caráter; e o Bonfá também é um cara super ético. E o Renato dependia muito deles, ele não dava muito passo sozinho, criativo, musical, na Legião. Ele fazia questão de dizer: "Somos todos nós". É um trabalho dos três. Ali era uma banda mesmo. O Renato tinha muitos momentos de insegurança, onde ele se sentia seguro com o Dado e o Bonfá. Isso é muito importante registrar.

Mayrton não destaca nada de artístico e de relevante para a música brasileira no trabalho da Legião. Ele justifica a sua aposta na banda através de condutas ou de valores pessoais: os três conduziam o trabalho com "ética", eram "sinceros" e tinham seus próprios critérios do que fazer ou não fazer e do que dizer à imprensa. Desconstrói a ideia de que o Renato Russo era super "genial" e que Dado Villa-Lobos e Marcelo Bonfá eram meros coadjuvantes na realização dos discos da banda.

A seguir, algumas imagens que ilustram o trabalho da Legião Urbana no estúdio em meio à produção do disco *Que país é este*:

Dado Villa-Lobos e Marcelo Bonfá no estúdio gravando o disco *Que País é Este*, lançado em dezembro de 1987.

Em pé, à esquerda, Mayrton Bahia, Marcelo Bonfá de costas, Renato Russo à mesa, Renato Rocha sentado ao fundo e Dado Villa-Lobos à direita, sentado.

(Fonte das imagens: www.legiaourbana.com.br)

 Terminada a entrevista, perguntei a ele se eu poderia entrar numa sala de aula do curso de Produção Fonográfica. Gentilmente, o professor me levou a uma sala. Estava tendo aula, e mesmo assim, entramos – ele disse que não teria problemas. Neste momento, por puro acaso, percebi que o valor comercial da Legião Urbana também era importante e motivo de orgulho para o Mayrton. Nas paredes da sala de aula estavam pendurados os discos de ouro, platina e diamante da Legião – são aqueles discos grandes dados ao artista pela gravadora quando atingem determinado número de venda. Contudo, Mayrton também ganhou esses discos. Aproveitei e fotografei os discos e a sala de aula:

Sala equipada com computadores e programas específicos para a produção de um disco.

Abaixo, os discos na parede da sala de aula:

(LP *As Quatro Estações*, 1989)

(Close da foto anterior) "Reconhecimento da EMI-ODEON
pela vendagem superior a 250.000 cópias"

Por que Mayrton levou e pendurou seus discos numa sala de aula da Estácio de Sá? Uma sala onde todos os outros professores do curso de Produção Fonográfica ministram suas aulas? E por que os discos da Legião Urbana, e não de outros artistas/bandas que ele produziu? Trabalhar com a Legião representou um marco em sua carreira, dividindo-a em um em antes e um depois. Projetou-o de uma forma que ele não havia experimentado antes. Mas, ao mesmo tempo, enquanto falava sobre a banda, ele reiterava com quais artistas já tinha trabalhado como técnico de som ou produtor:

ÉRICA RIBEIRO MAGI

Mayrton: Porque quando eu fui trabalhar com a Legião, eles já tinham passado por dois produtores... Eu trabalhei como técnico um ano e meio e, logo, passei pra área artística porque nessa o José Ribamar queria alguém conhecesse tecnologia, mas que trabalhasse na área artística pra poder ter um pouco de decisão em relação à área técnica e pra poder suprir a demanda do que realmente os artistas queriam em termos de som.

Érica: Quando você foi pra área artística?

Mayrton: Em 1980 ou já no final de 1979. Então eu fiquei meio incumbido de fazer essa ponte entre a área técnica e área artística, eu tinha essa formação eletrônica e musical. E eu era fã de todos os artistas com quem eu trabalhava (risos)

Érica: Com quem você trabalhava?

Mayrton: Com o Lô Borges, o 14 Bis. Nesse período, como técnico, eu gravei Clara Nunes, Roberto Ribeiro, eu gravava do samba à MPB e ao pop.

Érica: De tudo?

Mayrton: Como técnico eu gravava de tudo e depois como produtor comecei a trabalhar com tudo. Nesse período, o primeiro disco que eu produzi foi um disco do Ivan Lins, eu produzi, logo no começo, o Djavan, aí César Camargo Mariano, e logo em seguida, peguei Elis Regina. [...]

Antes de ir entrevistá-lo eu não conhecia absolutamente nada sobre a sua carreira pré Legião Urbana. Não há informações disponíveis:

Érica: E quando você teve contato com o rock, com essas bandas novas dos anos 1980?

Mayrton: Eu já tinha contato com o rock direto, eu também era beatlemaníaco, Jimi Hendrix, Led Zeppelin eu adorava. Antes de gostar da MPB, eu gostava do rock lá de fora. Antes de entrar pra gravadora, o que me atraiu muito pra música brasileira foi, realmente, o Tropicalismo e os mineiros. Aí

172

eu realmente comecei a me reconhecer na música brasileira, depois fui pra Bossa Nova, essa coisa toda. Eu adoro Bossa Nova.

Érica: A porta foi o Tropicalismo.

Mayrton: Foi. Então quando a Legião entra, nessa época, eu já estava como gerente de cast, ou seja, eles chamam de gerente de produção – tinha o diretor artístico e tinha o gerente de produção.

Érica: Você tinha ali o poder de escolher os artistas?

Mayrton: Interferia, ainda não tinha o poder total. O diretor artístico era quem escolhia. Então nessa época era da minha responsabilidade: Legião Urbana, Paralamas, Plebe Rude, Blitz. Eu tinha trabalhado antes com o Dalton, na música "Muito Estranho", que vendeu uma barbaridade. E antes [dele] eu tinha produzido "Menina Veneno" do Ritche. Esse foi engraçado porque foi a primeira vez que eu quis me lançar, me aventurar na coisa da produção independente. [...]

Foi todo o trabalho dele junto a outros artistas que lhe possibilitou ocupar o cargo de gerente de *cast*, cujos membros eram a Legião Urbana, Plebe Rude, Paralamas do Sucesso e Blitz. Mas antes disso, ele já tinha experimentado o sucesso comercial produzindo as músicas "Muito estranho" e "Menina Veneno". É uma tentativa de contar a sua própria trajetória, desviando o foco de seu marco profissional. Reiterando: ele tem uma história anterior aos discos da Legião Urbana, e uma história que lhe trás prestígio e legitimidade cultural porque trabalhou com consagrados nomes da música popular brasileira.

Contudo, além deste e de outros produtores musicais lutarem por legitimidade cultural, vinda dos artistas produzidos, ele precisa também da legitimidade comercial. Necessita acertar nas escolhas e obter lucros financeiros. Acredito, partindo da reflexão de

Dias (2008, 2009), que no trabalho do produtor musical há uma tensão entre o artístico e o econômico. Ele não pode se dar ao luxo de dizer que não se importa em ser um fracasso comercial, pois o importante é ser bem visto pela crítica.

Se assim não o fosse, Mayrton não teria pendurado os discos da Legião Urbana – símbolos do sucesso comercial e cultural – em uma sala de aula. E não é uma sala qualquer. É uma sala que está formando os futuros profissionais do disco, enfim, da indústria cultural brasileira. São esses futuros produtores e técnicos de som que irão contribuir para que seus artistas e bandas conquistem e possam pendurar na parede o tão almejado disco de ouro:

Legião Urbana exibindo o disco de ouro do LP *Música para Acampamentos* (1991).
(Fonte: www.legiaourbana.com.br)

O trabalho do produtor musical

Antes de se compreender o papel do produtor musical e suas lutas no processo de consolidação do campo do rock brasileiro nos anos 1980, é necessário desviar um pouco o olhar da Legião Urbana para o indivíduo que planeja, coordena, grava e executa mudanças no som do disco. As atribuições desse profissional da indústria fonográfica, desempenhadas ao longo da história da música gravada, vêm sendo debatidas em nosso país há pouco tempo. Mais precisamente nas pesquisas de Rita Morelli (1991) e de Márcia Tosta Dias (2008 e 2009).

A existência do produtor reforça a ideia de que uma obra musical é fruto de um trabalho coletivo, o qual envolve, sobretudo, o diretor artístico da gravadora, o técnico de som, o produtor e o artista, todos trabalhando no estúdio da gravadora. Até a década de 1980 existia uma divisão do trabalho entre esses profissionais. O diretor artístico, em conjunto com o presidente, era o responsável pela política da gravadora na formação do elenco de artistas, na decisão de datas e formas de lançamentos dos trabalhos e nos orçamentos; o produtor musical era o coordenador do projeto, detinha o conhecimento dos equipamentos de gravação e musical, trabalhando diretamente com o artista (DIAS, 2009, p. 3). É possível ter uma ideia clara de como era essa relação entre o produtor e o artista na gravação do disco assistindo ao documentário *Titãs – A vida até parece uma festa* (Brasil, 2008), onde foram incluídas gravações caseiras dos ensaios da banda para o disco *Cabeça Dinossauro*, lançado em 1986. Em uma das cenas, Charles Gavin é duramente repreendido pelo produtor Liminha. Vale reproduzir aqui o diálogo entre os dois:

Liminha: Ou você muda o jeito de tocar ou eu não gravo mais essa música. Isso não funciona. Tem que simplificar, pô. Não dá pra ficar dando solo de bateria nessa música. Não dá! É muita virada [...] Começa que a afinação dessa bateria já não é mais adequada, entendeu? Você fica mostrando essa afinação o tempo todo, e aí que derruba mesmo. Tem que simplificar, cara. [Isso] é uma banda de rock. Você está acompanhando a banda, não é [para fazer] solo de bateria.

Gavin responde: Eu sei disso. É que tinha uma coisa com virada.

Liminha: [...] Isso já puxou o tapete, cara.

Gavin: Cara, sei lá, é a minha concepção.

Liminha: A sua concepção tá furada.

[Silêncio]

Liminha: Porra, no verso tá legal. Mas aí vai mudar de parte... Porra, parece o Yes.

O baterista não respondeu ao produtor. A gravação recomeça. Ao final, feliz, Liminha deixa a mesa de som, vai dar um abraço em Gavin e lhe diz: *Você matou a pau!* Ou seja, ele entendeu o recado e acatou as ordens, deixando de lado a sua "concepção" e servindo à ideia de Liminha: uma banda de rock exige um baterista que a acompanhe, e só. Por isso a referência ao Yes, banda de rock progressiva, onde o virtuosismo dos músicos e seus longos solos eram exigidos. O conflito ficou mais tenso porque Gavin não conseguiu contra-argumentar, dando espaço, inclusive, para um longo silêncio na discussão.

Essa cena é a única do documentário em que aparece a tensão entre o jovem músico, com pouco ou nenhum poder de decisão, e o produtor musical no processo de gravação da música. De fato, é possível verificar, como defende DIAS (2008, 2009) que o disco resulta de um trabalho coletivo em que as funções do produtor musical estariam espalhadas nas seguintes fases:

> Como parte dos quadros das grandes companhias, o trabalho do produtor musical se efetivava, portanto, em várias etapas do processo: colaborando na escolha do repertório, na seleção dos músicos e arranjadores; no planejamento, organização, direção e acompanhamento das gravações (as etapas de gravação, mixagem e masterização); no trabalho de edição fonográfica – montagem do disco, na sequência em que as músicas deveriam ser apresentadas; e escolhendo as faixas de trabalho (músicas a serem usadas na divulgação nas rádios e na televisão); consequentemente, na orientação aos setores de marketing e vendas e na prospecção de novos artistas – o trabalho de "caçador de alentos" – dentre outros.

> Portanto, em torno do conhecimento musical, dos artistas, do mercado, do público e, sobretudo, dos detalhes técnicos que podem transformar um disco e um artista num produto musicalmente sofisticado e/ou de sucesso é que se localiza o universo de atuação do produtor musical. (DIAS, 2009, p. 3).

Até a década de 1980, essas foram as funções do produtor musical no interior das grandes gravadoras, o que lhe garantiu a necessidade de todo o artista e banda ter o seu produtor, um profissional fundamental na organização, produção e divulgação do disco/artista nos meios de comunicação.

É imprescindível frisar que estou discutindo sobre um contexto em que o disco – objeto físico – era o carro chefe de apresentação do trabalho do artista, era ele quem chegava às mãos dos jornalistas especializados (antes do lançamento oficial), às rádios e TVs. Com o advento da internet e a popularização dos arquivos digitais de música (mp3, por exemplo) e do seu compartilhamento online através de redes sociais e nos sites dos próprios artistas, o disco, enquanto objeto físico, foi perdendo a sua função. Para que o fã vai comprar o disco se alguém já o disponibilizou, de maneira legal ou ilegal, na internet? Diante disso, nem mesmo as grandes companhias (EMI, Sony-BMG, Warner e Universal) que restaram no mercado sabem o que fazer.

Mas o trabalho do produtor musical continua importante. Seus conhecimentos de mercado, público e música ainda são requisitados. Porém, com uma diferença fundamental: desde o início dos anos 1990, quando começou uma profunda reestruturação, o produtor foi excluído do quadro de funcionários e passou a prestar seus serviços de forma terceirizada, como também os estúdios e as fábricas das gravadoras foram vendidos. As companhias se transformaram em empresas de gerenciamento e de marketing dos produtos (DIAS, 2008).

A década de 1980 representa o último período da história da música gravada em que a grande gravadora conseguiu centralizar todo o processo de produção do artista e de seu disco, obtendo expressivos lucros que a retirou de uma grave crise financeira, sobretudo com a consolidação do rock brasileiro. Aqui a face "caçador de talentos" (DIAS, 2009) dos produtores musicais foi determinante para que as bandas adentrassem as gravadoras.

André Midani é o mais importante executivo da indústria fonográfica brasileira. Nasceu na Síria em 1932, foi para a França aos três anos de idade com a mãe que fugia do marido. Lá cresceu, trabalhou como confeiteiro e vendedor de discos em Paris. Às vésperas da convocação do exército francês para a guerra contra a Argélia, André fugiu em um navio que vinha em direção à América do Sul. Não sabia se descia no Rio de Janeiro ou em Buenos Aires. Ficou no Rio, porque achou a paisagem linda. Era 1955 – três anos antes do lançamento do disco *Chega de saudade*, de João Gilberto. É assim que André Midani começa a sua autobiografia, publicada em 2008. Adiantando um pouco a história para o que nos interessa, ele arrumou em emprego na gravadora Odeon e contribuiu para a promoção da Bossa Nova e da Tropicália (1968), quando já era um respeitado executivo. Na década de 1980, tirou a Warner Music de uma derrocada financeira contratando bandas de rock, tendo como base a opinião de seus diretores artísticos e produtores:

> Querendo retomar a dianteira sobre nossos concorrentes, ainda no início da década de 1980, chamei o Liminha, que eu acabara de promover a diretor artístico da Warner, e o Pena Schmidt, contratado para a mesma posição em São Paulo, para traçar um plano de ação. Decidimos fazer o que melhor sabíamos: ir para a rua e descobrir novos talentos aos quais ninguém prestava atenção, e, assim, surpreender e reconquistar um lugar decente no mercado. Eles saíram à luta, visitando os botecos da vida, os bares e os galpões de São Paulo e do Rio. Liminha, por ser um extraordinário músico, e Pena, por ser um "rato da noite", encontraram rapidamente o que estava diante dos olhos de todos, mas ninguém via: roqueiros de nomes estranhos, como Kid Abelha & os Abóboras Selvagens, Ultraje a Rigor, Titãs do Iê-Iê, Ira!, Camisa de Vênus, Kid Vinil, e, posteriormente, o Barão Vermelho. Kid Abelha e Lulu Santos foram os primeiros sucessos que deram à companhia uma nova alma e a confiança de haver descoberto artistas para uma nova geração de público jovem. (MIDANI, 2008, p. 201).

Eles, Liminha (não por acaso, o produtor dos Titãs que reprendeu Charles Gavin) e Pena Schmidt, descobriram "os talentos" de uma nova geração de músicos para o chefe André Midani. Pena, em entrevista a Marcia Tosta Dias (2008), fala sobre o descobrimento dos novos roqueiros:

ÉRICA RIBEIRO MAGI

> Eu vou contar a minha participação na investida das grava-
> doras no rock nos anos 1980: era segunda-feira de manhã,
> eu abro a *Folha de S. Paulo* e, nessa época, saía às segundas,
> um resumo dos programas da semana. Eu vi que tinha qua-
> renta shows de rock anunciados para aquela semana, uma
> página inteira. Aí eu pensei assim: se você vai no pasto todo
> dia conta 50 cogumelos e num outro dia você olha e conta
> 500 cogumelos, alguma coisa está acontecendo, choveu,
> mudou a lua, mas alguma coisa aconteceu.

> [...] Então eu fui procurar o André Midani. Disse que a si-
> tuação que tínhamos não era normal. Quando aparece uma
> oferta dessas, é inevitável que alguns se destaquem, é uma
> questão simples, darwiniana. Se tem 40 no jornal, é sinal que
> a oferta é, na verdade, muito maior.

> Ele disse: "então vamos fazer um projeto". Quase não tinha
> mercado de rock, não tinha banda de rock, tinha, na verda-
> de, um mercado para sete mil discos. Decidimos, então, fazer
> um compacto, duas musiquinhas só para ver o que acontecia.
> Aconteceram sucessos como "Inútil" e "Eu me amo" [Ultraje
> a Rigor], "Sou Boy" [Magazine], "Pobre Paulista" [Ira!],
> "Sonífera Ilha" [Titãs]. Chegávamos para os grupos e dizía-
> mos, vamos escolher as músicas, eu escolho uma que eu acho
> que pode ser de mercado e outras vocês escolhem, como au-
> tores. (*apud* DIAS, 2008, p. 83-84)

Pena Schmidt, como um profissional do mercado fonográfico,
sabia da incipiência do mercado de rock no Brasil. Percebeu que,
apesar disso, havia muitas bandas fazendo shows pelos bares e casa
noturnas de São Paulo e, consequentemente, deveria haver público
– os frequentadores dos shows, que não podiam comprar o disco da
banda por que ela, simplesmente, não tinha; no máximo, teria fitas
demo. Muito revelador foi como ele soube dessa movimentação de
bandas: através da agenda de shows publicada na *Folha de S. Paulo*,

e só depois foi verificar *in loco*. É claro que os responsáveis por essa agenda já conheciam o circuito de shows de rock e puderam divulgá-lo e, assim, informar os "caçadores de talentos" das gravadoras à procura de artistas que as tirassem do "sufoco". Foi preciso também perspicácia e intuição para ter visto uma oportunidade de negócio e, mais do que isso, que estava acontecendo alguma coisa diferente.

Todos esses "novos talentos" formavam bandas de rock. Mas não havia outros artistas compondo outros estilos em São Paulo ou no Rio de Janeiro? Nessa mesma entrevista, Pena nos conta:

> Quando eu era diretor artístico da Continental, participantes de um festival de música da Vila Madalena foram me procurar. Fomos lá, ninguém conhecia essas coisas, mas fomos lá. Estavam Itamar Assumpção, dois terços dos Titãs em duas ou três bandas diferentes, o Arrigo Barnabé (...). Eu acho que algumas coisas não os ajudaram. Eles eram muito indigestos como produto. É difícil descrever o que é indigesto, mas a palavra expressa realmente o que é, eram nutritivos, mas indigestos. (...) Não adianta você pendurar um pepino do lado da macieira, que só vai dar maçãs. (...) Eles tinham um travo muito forte e não era deles, a sociedade tinha um travo muito forte de anos de luz apagada. (...) Então, essa última geração de antes da abertura propriamente dita pagou um pouco por isso, tinha uma certa carga intelectual para justificar o seu acesso ao público. Não era bonito ser simplesmente palhaço. (*apud* DIAS, 2008, p. 139)

Entra em jogo aquilo que foi nomeado pela imprensa paulistana (FENERICK, 2008) de Vanguarda Paulista, um grupo de músicos que se articulava em torno do Teatro Lira Paulistana e lá se apresentavam e vendiam os seus discos, em geral, gravados pelo selo Lira Paulistana, a qual também trabalhava com as bandas de rock do *underground* paulistano. Entre eles estavam Arrigo Barnabé, Itamar Assumpção e as bandas Língua de Trapo e Rumo. A Vanguarda é considerada como um grupo de artistas "independentes" nos anos 1980 (FENERICK, 2008; DIAS, 2008), eles não conseguiram acesso à grande mídia, as rádios não aceitavam tocar suas músicas porque eles não tinham dinheiro para pagar o "jabá" e as *majors* não se interessavam, de acordo com o cortante depoimento de um profissional do meio, Pena Schmidt: "Eles eram muito indigestos como produto". Não podiam ser tão "palhaços" e engraçados como era o Ultraje a Rigor, por exemplo. O mercado fonográfico tinha, portanto, outra opção de artistas para produzir e lançar, a Vanguarda Paulista, porém não o fez.

Os depoimentos de André Midani e de Pena Schmidt trazem certa carga afetiva quando falam das bandas de rock que lançaram (Titãs, Ultraje a Rigor, Kid Abelha, Ira!), que se transformaram em sucessos e que se mantiveram e ainda se mantêm no cenário musical brasileiro. Não há apenas afetividade para com essas bandas, há um sentimento de satisfação e de competência consigo próprios, ou seja, Pena e André fizeram a escolha "correta", apostando em jovens com o desejo de se profissionalizarem compondo rock brasileiro, como se possuíssem uma sensibilidade artística e um "faro" para o sucesso superior em relação ao grande público de música popular. Mas esta escolha "acertada" foi construída posteriormente, após a consolidação da carreira das bandas, e com base não no critério artístico, numa suposta contribuição estética à música popular brasileira e, sim, o sucesso econômico – o lucro financeiro trazido para a Warner Music, que recuperou o seu caixa.

Consolidação do campo do rock no Brasil

n no m
uir dinhei
am seus esquen
n só fingindo que o m
ntece que tudo tem começ
neça um dia acaba, eu tenho pe
as ameaças de ataque nuclear
Bombas de nêutrons não foi Deu
Alguém, alguém um dia vai se
Vocês são vermes, pensam
Não quero ser como você
Eu não preciso mais
já sei o que eu ter
tanto faz

O "crítico" Renato Russo

> "Pode esquecer o tal triunvirato Titãs-Paralamas-Engenheiros... eu considero, humildemente, o Sepultura a maior banda nacional hoje em dia."
>
> Renato Russo, na *Bizz* de janeiro [de 1992].
>
> OK, Renato... ainda mais depois de um 91 em que o Sepultura fez e aconteceu aqui e pelo mundo afora. E 92 promete muito, muito mais, já a partir de uma turnê nacional, a primeira da banda, que deve acontecer ainda neste primeiro semestre.[1]

"Ok, Renato..." é uma frase expressiva da história social desses personagens e que começava a ser evidenciada publicamente por eles, querendo ou não. As relações e os conflitos entre esses múltiplos agentes sociais estão implícitas e explícitas nas diversas fontes pesquisadas e, é claro, fazem-se presentes nos discos das bandas. É exatamente o que expressa a epígrafe, um editorial da revista *Bizz*, que durante vinte anos foi a principal publicação nacional espe-

---

1 Editorial da revista *Bizz*, ed. 79, fevereiro de 1992.

ÉRICA RIBEIRO MAGI

cializada em rock: uma relação específica entre distintos agentes sociais: o músico e o jornalista. Renato Russo fala no mesmo tom do jornalista e demonstra conhecer as suas questões. Será que determinar qual é a "maior" banda é uma preocupação do artista ou do crítico especializado? Ou de ambos? O que significa, àquele momento, janeiro de 1992, Renato emitir seu parecer sobre tal ou qual banda nacional ser melhor e o mesmo ser reproduzido, novamente, no editorial do mês seguinte da revista?

Vamos a esse trecho da entrevista:

Você, que gravou em português arcaico, acha que quem está escrevendo em inglês está prestando também um desserviço para a língua portuguesa?

Russo: Que língua portuguesa? Cadê nossas escolas? A língua portuguesa é muito bonita, mas é difícil. Dá muito menos trabalho escrever em inglês, que tem certos fonemas, e a divisão das sílabas... quando há sílabas! Porque o inglês é uma língua virtualmente monossilábica... Sério, é melhor fazer música em inglês do que uma música em português que diz "mulher é tudo vaca". Aí é o meu limite. Isso não dá.

Você é a favor da censura?

Russo: Censura não, nunca. Tudo bem, alguém fez, tem o direito de se expressar. Mas "mulher é tudo vaca" é o cúmulo...

Dado: A gente tinha umas coisas em inglês neste disco, mas acabaram não entrando...

Russo: É, eram três músicas em inglês. Não entraram de propósito. E olha que eu adoro cantar em inglês. Meu inglês é legal. "Feedback Song" eu escrevi em inglês porque era uma coisa pesada, sobre a Aids... Mas talvez também tenha sido vislumbre disso, de quem sabe tocar lá fora, como o Sepultura... Que eu aliás considero, humildemente, a maior banda nacional hoje em dia. Em termos de tudo. Eu nem entendo muito de metal, mas respeito o espaço que eles conseguiram, fazendo o que querem... Pode esquecer o tal triunvirato Titãs-Paralamas-Engenheiros... Tem um trocadilho com o heavy metal no refrão de "Metal Contra As Nuvens" que é assim: "Eu sou metal, raio, relâmpago e trovão/Eu sou metal, e eu sou ouro em seu brasão"...[2]

Na edição de fevereiro a revista cita em seu editorial essa "crítica" de Renato Russo. Sua opinião poderia não ter recebido atenção, mas não foi o que aconteceu. Por quê? Uma resposta óbvia seria porque a revista deu a capa dessa edição para o Sepultura, e para legitimar essa escolha perante os leitores ela precisa reproduzir a opinião de um roqueiro consagrado pelo seu sucesso comercial e, sobretudo, pelo seu "saber" artístico e seu capital cultural amplamente exposto, por ele mesmo, e noticiado. Se a fala de Renato expressa segurança, ele não demonstra dúvidas quanto ao "valor" da nova banda nacional, já o discurso do editorial é inseguro, uma vez que o Sepultura é uma aposta de sucesso para o ano de 1992 no Brasil. Enfim, uma simples previsão baseada numa lógica mecânica: se os mineiros estouraram pelo "mundo afora e por aqui", em 1991, por que seria diferente no ano seguinte? O aval de Renato Russo, sob as vestes de conselheiro e cúmplice da revista, ou melhor, de seus editores, vem para reforçar essa aposta. O vocalista da então experiente banda Legião Urbana aconselha para que se desligassem do "tal triunvirato Titãs-Paralamas-Engenheiros". Quem deveria se desligar? Seus fãs? Difícil. Ele não está destratando o trabalho de seus contemporâneos, está sugerindo à *Bizz* que

---

2   Entrevista da Legião Urbana a Alex Antunes. Revista *Bizz*, Editora Azul, São Paulo, ed. 78, janeiro de 1992, p. 26-27)

se atente a novas "pautas": bandas que não paravam de surgir pós-
-anos 1980.

A capa de uma revista de música é motivo de discussão e de briga tanto entre leitores quanto entre jornalistas. Estar nela representa um determinado tipo de reconhecimento, seja ele comercial e/ou artístico, e de aposta dos editores. Vejamos o Sepultura estampando a *Bizz*:

(Fonte: *Bizz*, ed. 79, fevereiro de 1992, CD-ROM *Bizz* 20 anos)

De uma ação individual (a fala de Renato) passamos a uma ação socialmente aceita (O Sepultura tem o seu "valor") pela revista e que, assim, é tornada pública. Tudo isso porque o entrevistador, Alex Antunes, provocou Renato Russo para que ele comentasse sobre as novas bandas brasileiras que estavam compondo em inglês – a de maior destaque naquele momento era o Sepultura. Era esse um dos conflitos e motivos de discussão do campo naquele período: que tipo de rock "brasileiro" deveria ser produzido após a sua consagração artística e comercial? Ainda mais por que as bandas dos anos 1980 se estabeleceram cantando em português, sem exceção. O que isso implicou em termos simbólicos e políticos no campo da música popular brasileira e para a consagração do "rock brasileiro"? Os roqueiros da Jovem Guarda também compunham na língua pátria, mas não conquistaram o mesmo prestígio das bandas da década de 1980. Ao contrário, ficaram marcados, sob a óptica dos artistas e intelectuais da esquerda, como "ingênuos" e "alienados". Qual é a diferença? A particularidade na recepção e no reconhecimento artístico dessas duas importantes manifestações do rock no Brasil tem origem nos critérios de avaliação e naqueles agentes sociais que têm poder de verbalizá-los em cada contexto histórico-social.

Por outro lado, existe outro aspecto relevante em torno da questão de roqueiros brasileiros estarem compondo e cantando em inglês na virada da década de 1980. É a relação de proximidade entre os personagens nessa entrevista: o músico Renato Russo e o jornalista Alex Antunes. É uma relação que tem sua origem nos circuito de sociabilidade do rock em São Paulo, onde a Legião Urbana teve oportunidades de se apresentar antes de firmar sua carreira no Rio de Janeiro. Renato e Alex saíram do *underground* para o *mainstream* da produção cultural brasileira. Um para a gravadora EMI e o outro para a Editora Abril. O que ganha ainda maior expressão e relevân-

ÉRICA RIBEIRO MAGI

cia analítica é o fato dos dois estarem conversando publicamente sobre quais rumos a produção de rock no país estava tomando após terem consolidado espaços na imprensa e na indústria fonográfica, e com o envolvimento direto deles. O processo histórico-social de definitiva inserção do rock feito no Brasil na ordem do dia, sendo "pauta" em jornais e revistas, tocando no rádio, em novelas da Rede Globo, vendendo milhares de discos, formando um público leitor interessado em "cultura pop" etc. se deu através da emergência dessas redes de sociabilidade, uma vez que seus agentes sociais vieram a ocupar posições de importância da nossa indústria cultural.

"Ok, Renato..." dá pistas sobre esse processo e os resultados objetivos e simbólicos, sobretudo, conquistados pelos, agora, "profissionais do rock": críticos e músicos. Um dos resultados é a posição assumida por Renato Russo na hierarquia do campo: a de voz crítica, uma voz requisitada. Provavelmente, Lobão e Herbert Vianna também tenham conquistado essa diferença nas relações. Por atingirem esse *status* na hierarquia do campo do rock, as opiniões de Renato Russo continuarão a aparecer. É algo inevitável não se concentrar em suas falas, porque era ele quem respondia às perguntas. Dado Villa-Lobos e Marcelo Bonfá, os demais integrantes da banda, falavam muito pouco.

Renato não via na tarefa de conceder uma entrevista um fardo ou um trabalho separado e distante daquele de compositor e vocalista. Além dele se expressar escrevendo letras de música, falando sobre os dilemas do jovem, o espaço urbano, as relações amorosas e afetivas e a política do país, o músico também se colocava de forma eloquente e objetiva em suas entrevistas, requeria respeito e reconhecimento artístico para o rock brasileiro, tentando demarcar as diferenças entre eles, os jovens roqueiros em ascensão, e os artistas da MPB. O uso da agressividade e da comunicação direta, do diálogo sem constrangimentos, dão o tom ao discurso dos roqueiros, sobretudo aos de Renato Russo.

Quando sua morte completou dez anos, em outubro de 2006, a *Bizz* fez uma longa matéria sobre a sua trajetória e o colocou na capa, reproduzida ao lado. Entrevistou os ex-companheiros de banda, Dado Villa-Lobos e Marcelo Bonfá, sua mãe, Carmen Manfredini, e os amigos que fez em Brasília, como Felipe Lemos, Dinho Ouro-Preto e Herbert Vianna. A homenagem objetivou contar fatos que os "fãs de Renato não gostariam de saber" e o seu editorial expõe o relacionamento que o músico tinha com o jornalismo:

Certa vez, na festa de lançamento do disco *Mondo Passionale*, dos Sex Beatles,[3] engatei com o legionário um papo sobre imprensa musical. Renato era formado em jornalismo, era leitor voraz de revistas e, diferentemente de 90% dos músicos brasileiros, entendia perfeitamente a importância de uma revista na engrenagem pop. Comentamos sobre aquela estranha fase em que até respeitáveis revistas apelavam para "ensaios sensuais" para fazer a "audiência" subir (você sabe quais). Ele disparou uma das frases que até hoje ecoam na minha cabeça: "Mas é isso, Ricardo, que eles acham que dá dinheiro: em vez de oferecer algo para o leitor, eles tomam algo do leitor". Oferecer, em vez de tirar... Muito do projeto da nova BIZZ tem a ver com isso, incluindo esse testamento antifanatismo do qual o próprio Renato é protagonista.

Grande Renato[4]

Renato Russo aparece, novamente, sendo citado num editorial da *Bizz*, dez anos após a sua morte. E, novamente, como referência de trabalho não para os músicos iniciantes, mas, sim, para os críticos e editores: *Oferecer, em vez de tirar... Muito do projeto da nova* Bizz *tem a ver com isso.* Passaram-se dez anos, algumas coisas mudaram. O editorial é de Ricardo Alexandre, nascido em 1974 na cidade de Jundiaí-SP, – atualmente é o chefe de redação da revista *Trip*, editada em São Paulo, – ele escreve profissionalmente desde 1993 e foi o último editor-chefe da *Bizz* (2005-2007), pertence à geração de jornalistas paulistas formados após a década de 1980. De modo que Ricardo foi um dos poucos, junto com o carioca Pedro Só, que

---

3 Sex Beatles, banda formada no Rio de Janeiro no início dos anos 90 por Alvin L. (guitarra), Cris Braun (voz), Vicente Tardin (baixo), Marcelo Martins (bateria) e Ivan Mariz (guitarra). *Mondo Passionale* foi o seu segundo disco, lançado em 1995 pela gravadora de Dado Villa-Lobos, a Rock it!.

4 Editorial da revista *Bizz*, assinado por Ricardo Alexandre. Editora Abril, ed. 206, outubro de 2006, p. 11)

foi leitor e, na vida adulta, trabalhou na equipe daquela que foi a principal revista brasileira de música. Em seu blog, o jornalista fala sobre isso:

> Ao mesmo tempo, eu escrevia na revista *Bizz* e na *General*, que era feita pelo povaréu que saiu da *Bizz* no início de 1994. A *Bizz* precisava de gente nova para ocupar o buraco deixado pelos demissionários e a *General* precisava de desesperados que topassem escrever de graça. Era um sonho duplo, escrever na revista que marcou minha adolescência e escrever para caras que eu lia com tanta admiração.[5]

Torna-se mais significativo sabermos que Renato Russo e todo o seu conhecimento em jornalismo musical foram colocados como referência daquele novo projeto editorial da revista por um profissional de uma geração mais jovem, que fez a transição para a vida adulta ouvindo o rock brasileiro e lendo a *Bizz* nos anos 1980. É claro que os resultados objetivos e simbólicos conquistados na consolidação do rock brasileiro, e que conferiram maior relevância simbólica à *Bizz*, acabaram se reproduzindo na forma de trabalhar com a música, seja em uma redação ou em uma gravadora, por meio da formação de novos quadros de profissionais. Para isso, foi imprescindível que a revista formasse um público leitor interessadíssimo.

Que tipo de contorno deu ao campo essa relação tão próxima entre Renato e o jornalismo especializado em rock e pop?

O editorial de Ricardo Alexandre não confirma apenas que Renato Russo e o jornalismo musical tinham uma relação muito próxima. Confirma também a tese de que a consolidação do campo do rock não foi obra somente da atuação das jovens bandas nos anos 1980, e sim das múltiplas relações ou das redes de sociabilida-

---

5 www.causapropria.com.br, acesso em 10/03/2010.

de construídas entre as bandas, que contavam com determinados jornalistas, dentre os quais alguns tinham bandas também, e produtores musicais. Músicos, jornalistas, empresários, produtores, radialistas e o público em geral, todos estavam envolvidos com o rock brasileiro. Todos vivenciavam o rock. Como? A experiência com o rock não se restringe a ouvir um disco. Vivenciavam também procurando informações, usando a camiseta da sua banda ou artista favorito, lendo revistas especializadas estrangeiras e biografias, comprando e emprestando discos, ficando amigos de outros roqueiros, indo aos shows.

Significa que o rock brasileiro conquistou para si uma fatia do mercado fonográfico e da grande imprensa por meio da emergência e consolidação dessas redes de sociabilidade em São Paulo e no Rio de Janeiro – exatamente onde se concentrava a produção, circulação e consumo desses produtos culturais.

A rotina de trabalho na indústria cultural

Essa entrevista com a Legião Urbana (publicada em janeiro de 1992) foi feita por Alex Antunes, na ocasião, editor da *Bizz*, cujo editor-chefe era José Augusto Lemos. Ambos dividiam o trabalho de escrever os editoriais da revista, segundo me disse o próprio Alex. O gancho para a conversa foi o lançamento do quinto disco da banda, chamado, exatamente, *V*, pela gravadora EMI-Odeon. Ele chegou às lojas em dezembro de 1991, mas a entrevista, como determina a lógica, foi feita um pouco antes, em outubro, para ser publicada no lançamento do disco. Que lógica é essa? No caso de uma revista especializada em música, suas pautas são determinadas de acordo com os próximos lançamentos e shows no país. Mas como os editores ficam sabendo o que vai acontecer daqui há dois ou três meses? Eles são avisados através de comunicados oficiais ou não oficiais, os chamados "furos" de reportagem. As gravadoras enviam às principais redações seus produtos antes do lançamento, para que haja tempo suficiente para o agendamento de entrevistas com os artistas, como também para o próprio planejamento da publicação: quem estará na capa, que discos, filmes e livros serão resenhados e quais matérias entrarão e quem as escreverá. Tratando-se de uma revista mensal, tudo isso é decidido com um mês de antecedência e, claro, até o seu fechamento esse planejamento poderá sofrer modificações devido a problemas inesperados.

De qualquer maneira, é perceptível toda uma rotina de trabalho que caminha junto com o produto artístico e que, muitas vezes, passa despercebida, senão como algo natural aos olhos do grande público. Naturalidade esta que não aparece nessa entrevista com a Legião Urbana. Dessa vez, a rotina a que estavam habituados os artistas, de aparecerem exaustivamente nos veículos de comunicação para promoverem seus novos trabalhos, seja uma telenovela, um disco, um filme ou uma peça de teatro, sofreu um pequeno desvio. Resultado: a entrevista só saiu em Janeiro de 1992, quando deveria ter sido publicada no mês de lançamento do LP, em dezembro. Porém, pelo menos, com Dado Villa-Lobos, Marcelo Bonfá e Renato Russo na capa da revista para a alegria dos fãs leitores.

Legião Urbana – Legião Errante

"Que dia é hoje? Dezoito de outubro? O dólar tá quanto? 670? Esta entrevista vai ser publicada em dezembro? DEUS ME LIVRE do que vai acontecer até lá!!!"

É o Renato Russo que eu conheço. Hoje é treze de novembro e o dólar está a 800 e qualquer coisa (despencou. Mas só depois de ter estourado a barreira dos mil, para gáudio dos alarmistas em

ÉRICA RIBEIRO MAGI

geral e dos especuladores em particular). E não aconteceu nada
digno da preocupação de Deus – pelo menos nada que Ele já não
esteja careca de conhecer.

Pô, já faz um mês que eu entrevistei os caras. E só depois de uma
longa e tenebrosa primavera é que nos chegou às mãos, hoje,
o raio do disco (aliás, uma cópia pirata. Não, dona Odeon, não
conto como eu consegui). Também é só hoje que pareceram, finalmente, estar superadas todas as confusões que Russo & Cia.
criaram com os fotógrafos que a BIZZ incumbiu de clicá-los –
em geral uma missão prosaica, mas nunca no caso da Legião.

A velha Legião íntegra e frágil. A velha Legião sublime e pente-
lha. É só por isso que a Legião está na capa de janeiro, e não de
dezembro, quando foi lançado o disco... [6]

De maneira informal e coloquial, Alex vai revelando um pouco
da rotina que a banda, o jornalista e o fotógrafo precisam cumprir
para a realização da matéria. Para promoverem o novo disco, a
banda tem que dar uma entrevista e fazer um ensaio fotográfico. O
jornalista deve, a princípio, ouvir o disco, elaborar perguntas sobre
ele, entrevistar a banda, tem ainda a árdua tarefa de transcrevê-la
e, finalmente, escrever o texto que introduz a entrevista. E o fotógrafo sugere um local e situações para o ensaio e faz as fotos, quan-
tas forem necessárias. Fora o trabalho dos profissionais que irão
organizar na ordem pré-determinada as matérias, reportagens e
seções da revista e os responsáveis pela arte final.

Todo esse processo descrito compreende uma rotina de trabalho. Mas mesmo sendo uma rotina partilhada por todos os envolvidos, ela está sujeita a choques, imprevistos e mudanças no plane-

---

6 Entrevista da Legião Urbana a Alex Antunes. Revista *Bizz*, Editora Azul,
São Paulo, ed. 78, janeiro de 1992, p. 26-27.

jamento. A fonte só permitiu que apreendêssemos as etapas dessa rotina (fotografar, dar entrevista, ouvir o disco) por que aconteceram conflitos: da Legião Urbana com os fotógrafos e de Alex Antunes com a falta de acesso ao novo disco. Aliás, o jornalista fez a entrevista sem tê-lo ouvido, o que acabou levando a conversa para outros assuntos. Se esses conflitos não tivessem acontecido, Alex teria escrito outro texto.

É curioso e engraçado quando ele conta que conseguiu uma cópia pirata do LP, como se estivesse caçoando da EMI-Odeon, deixando implícita a existência de uma possível diferença entre a revista e a gravadora, já que ambas trabalhavam com o mesmo produto cultural: a música. E aí os interesses e demandas de cada lado podem se chocar. Em entrevista, a jornalista Bia Abramo, que começou sua carreira na *Bizz* em 1986, me disse que, durante os anos 1980, a grande parte dos espaços de publicidade da revista era ocupada pelas gravadoras, o que acabava acarretando tentativas, por parte delas, de matérias ou reportagens "casadas" (favoráveis) com a propaganda de determinado artista ou banda. Mais do que uma atitude desonesta das gravadoras, esse confronto mostra, também, que para elas a *Bizz* representava um espaço de prestígio e de legitimação dos seus artistas, uma relevante instância de consagração. Dentre outras do período, como o caderno "Ilustrada", da *Folha de S. Paulo*, o jornal *O Globo* e o *Jornal do Brasil* e o Prêmio Sharp de música, onde a Legião Urbana ganhou como melhor banda nacional, na categoria pop-rock, em sua primeira edição, no dia 31 de maio de 1988,[7] cuja cerimônia foi ao ar pela TV Globo no mês de julho.

---

7 "Legião Urbana reapresenta seus sucessos hoje no Ibirapuera". *Folha de S. Paulo*, 10/06/1988. (reportagem não assinada); "I Prêmio Sharp de Música". Revista *Bizz*, ed. 36, julho de 1988, p. 6-7.

ÉRICA RIBEIRO MAGI

Em 1987, Renato Russo ganhou o troféu Villa-Lobos, prêmio que era oferecido pela Associação Brasileira dos Produtores de Disco (ABPD), de melhor letrista do rock brasileiro.[8]

Compreende-se que há um campo de produção cultural consolidado quando ele detém, portanto, seus critérios de avaliação, suas instâncias de consagração, públicos consumidores, produtores, críticos e artistas que formam uma rede de relações objetivas (BOURDIEU, 1996). A existência dessa rotina de trabalho entre os envolvidos com rock é um elemento necessário à compreensão do processo de profissionalização pelo qual passaram as bandas, os críticos e produtores. A partir dela o rock brasileiro deixou de ser, definitivamente, "alternativo", "marginal" e "amador", passando a ocupar espaços de produção e de avaliação crítica legítimos na indústria cultural, os quais continuam a existir.

A consolidação do campo do rock brasileiro na década de 1980 foi fundamental para que a MPB deixasse de ser o centro do mercado fonográfico e de atrair o público jovem da classe média (NAPOLITANO, 2001), o qual foi a sua base nos anos 1960 e 1970, pois este foi para o lado da produção e do consumo de rock brasileiro na década 1980. Uma fração da classe média urbana, intelectualizada e fortemente influenciada e interessada na cultura pop internacional foi responsável pela consolidação do campo do rock brasileiro, integrando nele artista, produtores musicais e jornalistas que definiram parâmetros comuns para a crítica cultural, a produção e a criação musical. Esses parâmetros foram institucionalizados, uma vez que, os novos profissionais tomaram para si em

---

8 "Pausa para reflexão. Eleito o melhor letrista do rock Brasil, Renato Russo desnuda seu amargor". matéria assinada por Arthur Dapieve. *Jornal do Brasil*, 22/09/1987.

alguma medida os princípios da crítica de rock e música pop e de produção definidos nos anos 1980.

A formação de certos circuitos de sociabilidade, constituídos nas cidades de São Paulo e Rio de Janeiro, consolidou o rock produzido por eles no cotidiano da sociedade em geral que, além de repercutir na juventude, ressoou também em setores das elites culturais do Brasil, que vieram publicamente comentar o inesperado, para eles, o tal "rock brasileiro". É famosa e bastante reproduzida a declaração de Gilberto Gil dada nos anos 1980 sobre a entrada dos roqueiros na ordem do dia:[9] "O rock brasileiro deu uma blitz na MPB", com direito ao trocadilho com a banda carioca Blitz.

Avaliação da produção de rock

Estar numa posição de domínio no campo de produção cultural permite ao agente avaliar os produtos dos novos artistas, através de seus critérios, legitimados pela sua trajetória de sucesso e de reconhecimento por outros agentes do campo: críticos, empresários, produtores. Existe, assim, a possibilidade de reprodução desses critérios na medida em que são verbalizados e noticiados.

No início da carreira fonográfica da Legião Urbana, em janeiro de 1985, com o lançamento do seu primeiro LP, não pediam para que Renato Russo discutisse a conduta e o trabalho de qualquer banda. Podiam até perguntar, mas ele não avaliava ninguém do rock brasileiro. Em geral, as matérias e reportagens sobre a banda passavam pelo disco, pelo show que iriam fazer e pela tentativa de demarcarem a diferença e distância temporal com a MPB:[10]

---

9   Declaração citada também por

10 Essa postura de rompimento com a MPB, que não se restringe a Legião Urbana, voltará a ser discutida.

ÉRICA RIBEIRO MAGI

Dizem que estão "se lixando" para quem não gosta deles, dão pouca importância aos possíveis elogios e de resto não respeitam opinião de ninguém. Ou de quase ninguém, pois ouviriam as de pelo menos dois: a do compositor Caetano Veloso e do poeta Carlos Drummond de Andrade.

Os produtores do show esperam um público de 15 mil pessoas no Ibirapuera. Seis músicas novas já estão prontas e o legionário-mor [Renato Russo] garante que eles serão um antídoto, talvez, para a falta de criatividade atual.

Renato Russo diz: "Que MPB é essa em que não se ouvem chorinhos nas rádios, Paulinho da Viola não tem gravadora e Luís Melodia fica um tempão sem gravar."

Alguns especialistas no chamado "rock brasileiro" acham que Renato Russo é um dos melhores letristas dos novos grupos. Ele admite seu interesse por literatura, mas não admite nenhuma influência marcante.

Renato gosta das letras de Cazuza e da Plebe Rude. Não revela suas fontes de inspiração.[11]

Por que essa tentativa de distanciamento dos músicos "mais velhos"? A postura agressiva e arrogante ("estão se lixando para quem não gosta deles", "antídoto para a falta de criatividade atual", "não respeitam a opinião de ninguém", "que MPB é essa") foi a forma encontrada para dizerem: "Chegamos e somos diferentes de vocês, mais velhos". Quando Renato afirma "que MPB é essa", faz isso sem constrangimentos, não demonstrando nenhuma ligação com ela, com a exceção de Caetano Veloso, de quem ouviria os comentários. Até os anos 1980, a MPB abrigava sobre si, mais do que

---

11 "Legião Urbana ataca no Ibirapuera". Reportagem não assinada. *O Estado de São Paulo*, 06/12/1986.

hoje, um prestígio que se estendia aos artistas e a seu público consumidor. Conhecer a obra de Chico Buarque ou conhecer a obra de Odair José não tinha e não tem o mesmo significado simbólico nas relações entre os diversos públicos da canção brasileira.

E esse distanciamento frente à MPB se fortalece mais quando Renato "admite" que gosta das letras de Cazuza e da, também brasiliense, Plebe Rude, sua contemporânea. Ao mesmo tempo em que os elogia, está chamando a atenção para as novas bandas, para o "chamado 'rock brasileiro'", segundo diz, desconfiado e sem intimidade com o gênero, o autor da reportagem.

Muito diferente é o que expressa aquela entrevista de 1992. Renato Russo não apenas diz que respeita o Sepultura, como também faz avaliações críticas, dessa vez sem a agressividade e arrogância de seis anos atrás, naquele início dos anos 1990 em que as novas bandas estavam compondo em inglês. A grande diferença é que agora o jornalista pediu a opinião de Renato: *Você, que gravou em português arcaico, acha que quem está escrevendo em inglês está prestando também um desserviço para a língua portuguesa?* Obviamente, o que isso exprime é que Renato adquiriu uma importância e uma legitimidade cultural reconhecidas e partilhadas pela imprensa, o que se tornou uma das razões para que ele conquistasse essa posição de domínio nas relações do campo. Ele, em sua trajetória, tornou-se mais do que um compositor e vocalista de uma banda de enorme sucesso, tornou-se também um "crítico" da produção musical, em especial do rock nacional e internacional, que ora está sob as vestes de conselheiro e de cúmplice, ora como um sujeito com que se pudesse "trocar ideias" sobre música, saindo do protocolo ou da rotina de uma entrevista. Isso era possível porque, do outro lado, existia um interlocutor que partilhava as mesmas experiências sociais:

Se você me permite uma comparação escrota, pensando no show do Pacaembu, acho que o Sepultura é mais herdeiro da Legião do que os Engenheiros... [Engenheiros do Hawai]

Dado: (Entusiasmado) Totalmente verdadeiro!

Russo: É, a postura é parecida, só a musica é diferente. "Dead Enibriyonic Cells", aquele clip é um escândalo! E eles são bonitinhos (risos)... Isso no rock conta! Você quer um bando de trolhas lá em cima (risos)? Eu, pelo menos, as fãs dizem assim (imitando tiete): "O mais bonito é o Dado, o Bonfá também é lindo. Mas o Renato é o mais inteligente"... deixa elas pensarem...

Dado: A beleza é inversamente proporcional a inteligência...

Isso é ofensa ou elogio (gargalhadas)?

Russo: Tudo bem. Vocês são bonitos e inteligentes (risos)... A imagem é importante. É que nem o Donny dos New Kids. Ele tinha que ser alguma coisa, já que ele é o mais feioso. Então ele tem que ser o rebelde, o que fala as coisas.

Te preocupa não ser bonito?

Russo: Só na hora de tirar fotos... (Valeu o aviso, grandessíssimo filho da mãe!)

Existem critérios de julgamento que são alçados nas discussões, sejam elas conflituosas ou amistosas. Alex Antunes demonstrava não ser simpático às bandas nacionais que compunham em inglês, e o critério de avaliação de Renato não passava pela linguagem – e nem poderia ser, ele reitera que adora cantar em inglês – e nem pelo estilo de rock do grupo, passava pela determinação do Sepultura de fazer o que quiser, de tocarem heavy metal sendo brasileiros. Se os mineiros, naquele momento de ascensão na carreira, produziam mesmo o que queriam, não está em questão. O que se coloca é a força simbólica desse critério de Renato Russo, o qual é verbalizado em muitas declarações suas: a sinceridade. Outro dado indicativo da reprodução desse campo cultural, apreendido nessa mesma entrevista, é a consagração da geração de bandas dos anos 1980 como medida de comparação. Ou seja, os grupos que estavam surgindo pós-consolidação do rock na indústria cultural irremediavelmente foram "analisados" pela crítica à luz das que abriram o caminho e sobreviveram.

Para termos uma ideia melhor do que eles estão falando (quem é o mais bonito e o mais feio), vamos à capa dessa edição da *Bizz*:

Ao fundo, o guitarrista Dado Villa-Lobos vestindo a camiseta da sua recém-inaugurada gravadora, a Rock It!, à esquerda Renato Russo e ao seu lado o baterista Marcelo Bonfá.

(Fonte: *Bizz*, ed. 78, janeiro de 1992, CD-ROM *Bizz 20 anos*)

Alex Antunes compara a performance da Legião no palco com a do Sepultura, e Dado e Renato concordam prontamente, mesmo as bandas tendo sonoridades tão diferentes. Assim, temos mais um critério de julgamento de uma banda, o tipo de performance no palco, que é compartilhado pelo crítico e pelos músicos. Outro, quem nos dá, sem nenhuma surpresa, é, novamente, o Renato. A beleza do músico para ele é mais um elemento atrativo do público e integra o capital simbólico de um grupo frente aos demais. A razão do sucesso ou do fracasso de uma banda é mais complicada, pois é preciso apreender o conjunto de elementos que formam o seu estilo, o qual não se restringe à sonoridade e às influencias musicais do grupo.

Como uma banda se porta em uma entrevista? Quem, em geral, se prontifica a responder as perguntas? Os vocalistas, sobretudo. Renato cumpre esse papel de interlocutor com a imprensa e, por conseguinte, com os leitores. É tão marcante essa postura que ele chega a ter suas falas citadas, como vimos no editorial reproduzido na epígrafe. De antemão, isso significa que Renato Russo se comunicava intensamente fazendo uso da escrita e da fala. Suas respostas tomavam praticamente todo o espaço da entrevista que deveria ser dos membros da Legião Urbana. O vocalista discorria prazerosamente, não demonstrava estar ali por uma contingência do trabalho artístico. Na foto acima, ele nem posa para o fotógrafo, como Dado e Bonfá. Ao contrário, está olhando para o lado e rindo. O tom dos diálogos é bastante descontraído e bem-humorado. De fato, não parece se tratar de uma entrevista formal, onde não há uma intimidade prévia entre as partes. Alex e Dado aproveitam para caçoar de Renato chamando-o de feio. A proximidade entre Renato e Alex é escanca-

A LEGIÃO URBANA DO UNDERGROUND AO MAINSTREAM

rada ao final da entrevista, com o jornalista respondendo a ironia do vocalista: um "grandessíssimo filho da mãe".

Por que esse discurso de comparação entre bandas se colocou? A perspectiva histórica de fazerem parte de uma "geração" de músicos existia, não havendo constrangimentos em se alocarem enquanto tal no campo da música popular brasileira. Mais uma vez, quem toma a palavra é Renato Russo:

A Legião se sente parte dessa geração que está sendo detonada pela crítica por tentar mudar de registro? Tipo os Titãs, tentando fazer rock mais pesado, ou os Paralamas, cada vez mais românticos?

Russo: Eu acho que esse disco dos Titãs é o disco mais Titãs deles. O dos Paralamas é o mais Paralamas. E o nosso é o mais Legião... O que era açucarado, agora é sacarina pura... O Metallica sim é que deu uma diluída!

Ele confirma que a Legião e as outras, Titãs e Paralamas do Sucesso, integram uma geração de músicos e que continuam trabalhando em meio às cobranças da crítica pela conservação de determinada sonoridade. Ele dá uma resposta defensiva, sem a preocupação de ser claro, mas reitera que cada uma delas tem uma história ("o que era açucarado") e estão sendo coerentes com ela ("agora é sacarina pura"). Ou seja, não lhe importa se os Titãs e os Paralamas estão mudando o registro sonoro, o que interessa é responder à crítica como um todo.

Notem que Renato constantemente dá exemplos do rock e pop internacionais na argumentação. Ele acumulou um amplo conhecimento sobre o rock anglo-americano, ouviu muitos discos e leu sobre eles em publicações especializadas e em biografias desde a sua infância. No trecho citado anteriormente, ele se lembrou do grupo formado por rapazes bonitinhos, New Kids on the Block e,

205

agora, do Metallica, ambos dos Estados Unidos. Ele toma como referência de conduta a trajetória dos grupos anglo-americanos. Por que ele não discorre acerca das histórias dos artistas da MPB ou não cita o rock da Jovem Guarda, de Raul Seixas e dos Mutantes? A história do rock brasileiro pré-consolidação do gênero no país era referência (de linguagem musical, nas letras) para as bandas dos anos 1980?

Banca de jornal, referências culturais urbanas e novas formas de linguagem e de sociabilidade

> Sabe essas noites que você sai caminhando sozinho
> De madrugada com a mão no bolso
> Na rua
> "Você não soube me amar", Blitz, 1982

> Acordo 7 horas tomo o ônibus lotado
> Entro 8 e meia, eu chego sempre atrasado
> sou boy, eu sou boy, sou boy
> boy, sou boy

> Atento 8 e Meia eu tenho que bater cartão
> Mal piso na firma tem serviço de montão
> eu sou boy, eu sou boy, eu sou boy
> boy, eu sou boy

> Ando pela rua, pago conta, pego fila
> Vou tirar xerox e batalho algumas pila
> sou boy, eu sou boy, eu sou boy
> boy, eu sou boy

> "Eu sou boy", Magazine, 1983

"Você não soube me amar" e "Eu sou boy" são canções mais faladas que cantadas, bem humoradas e que venderam milhares de discos, colocam o jovem morador da grande cidade que anda sozinho pela rua à noite, que toma chopp e come batata frita com a namorada ou o que ganha a vida como Office-boy, como o personagem principal da metrópole brasileira dos anos de 1980. Serem mais faladas do que cantadas confere mais realismo (AUERBACH, 2004) às suas vidas. Essa geração de jovens de classe média construiu uma sociabilidade tencionada pelas experiências dos centros urbanos, e dessas surgiram novas bandas de rock e um novo tipo de jornalismo cultural feito na grande imprensa – tudo isso dirigido a um público também novo.

O caminho que trilhei buscou compreender o processo de consolidação do rock brasileiro na década de 1980 através da trajetória da Legião Urbana, no sentido de analisar a forma pela qual essa geração emergiu e conquistou seu próprio espaço na indústria cultural. A pesquisa empírica mostrou que os artistas não eram os únicos envolvidos na busca por profissionalização, havia também jovens jornalistas, que queriam escrever sobre rock e música pop na grande imprensa, e produtores musicais ávidos em descobrir "novos talentos" para as suas gravadoras.

A música dos anos 1980, tão diferente e distante do rock veiculado pelo programa de TV Jovem Guarda, ou do grupo Mutantes e das bandas de rock progressivo dos anos 1970, expressa o quanto de novas referências culturais e políticas essa geração adquiriu por meio de uma sociabilidade vivenciada nas principais capitais brasileiras: Brasília, São Paulo e Rio de Janeiro. Sociabilidade construída pelas ruas dessas cidades por adolescentes buscando informações e notícias sobre o que estava acontecendo nos Estados

Unidos e na Europa, especialmente em música, cinema e literatura. A música popular brasileira não era tão atrativa aos seus olhos. Essa sociabilidade contribuiu para a produção de um rock cantado em português diretamente relacionado, em termos de temáticas e dos arranjos musicais, ao rock anglo-americano contemporâneo: U2, The Smiths, Joy Division, The Clash, Sex Pistols, The Cure, The Police, Dead Kennedys, Pet Shop Boys, Talking Heads, Bruce Springsteen, New Order (formada pelos remanescentes do Joy Division, após morte do vocalista Ian Curtis) etc., foram os grandes interlocutores e as referências musicais e de comportamento da Legião Urbana, dos Paralamas do Sucesso, Plebe Rude, Ira!, Capital Inicial e etc.

Um espaço fundamental para a formação cultural e aprendizado da geração da década de 1980 foi a banca de jornal, onde se poderia encontrar mais do que os jornais do dia: revistas nacionais e importadas, livros, enciclopédias e quadrinhos. Isso está presente nos depoimentos de Renato Russo, Dado Villa-Lobos, Alex Antunes, Bia Abramo e Arthur Dapieve, cujos interesses e o aprendizado cultural eram acessíveis, principalmente, por meio da imprensa. Não é a toa que Renato relata que em Brasília vendia-se o *Melody Maker* e o *New Musical Express,* jornais ingleses especializados em música, e com eles ele gastava todo o seu dinheiro.

Essa sociabilidade aproximou músicos e jornalistas em torno das mesmas linguagens artísticas (rock, música pop, cinema norte americano e de arte, literatura), definindo uma forma específica na linguagem do rock brasileiro dos anos 1980. Renato Russo, quando concedia uma entrevista ao Alex Antunes, a Bia Abramo ou ao Arthur Dapieve estava, na verdade, "trocando ideias" e debatendo sobre música, literatura, cinema, política; não se estabelecia ali uma relação formal e distante, e sim uma relação entre pares:

Renato: Ao mesmo tempo que as pessoas não têm a mínima noção de como as coisas acontecem, elas têm acesso às coisas mais modernas... Então está todo mundo vendo *9 1/2 Semanas de Amor* – aliás, eu detestei esse filme...

Bia Abramo: É, eu também não gostei. E cinema, o que você tem visto?

Renato: Ah, eu gosto de ver vídeos... eu adoro filme de terror. Em geral, eu gosto muito de produções americanas desconhecidas e de filmes ingleses... E filmes que têm aquela coisa humana – eu gosto muito do Renoir e do Truffaut.

Bia: Quais são os planos?

Renato: Rock´n´roll, cinema e literatura. Cinema é muito difícil. Mas literatura eu já quero treinar agora, porque, quando eu tiver já uma carga de vida, aí eu posso escrever. Eu acredito que você tem que passar pelo tempo para poder escrever como o Drummond, o Garcia Márquez, o Thomas Mann...

Bia: Mas o Thomas Mann começou escrever muito jovem...

Renato: Eu sei, mas meu plano é dominar a técnica para depois escrever minhas historinhas. Mas é difícil, a língua portuguesa é muitíssimo dificílima (risos). Muitíssimo dificílima é péssimo... Meu plano é ser maior do que o Shakespeare... Ah, é bacana, né? Você vai querer ser o quê? O Zezinho que escreve lá uns romancezinhos? Ora bolas, o plano do Legião era ser que nem os Beatles... É sempre bom ter um sonho. Eu estou guardando todas as pequenas histórias, talvez você se veja numa das personagens...[12]

---

12 Entrevista de Renato Russo à Bia Abramo. Revista *Bizz*, ed. 21, abril de 1987, p. 28-29.

É uma troca de ideias o que se vê entre Bia Abramo e Renato Russo sobre assuntos que interessavam aos dois. Ambos sabiam do que cada um falava – o que foi possibilitado por um aprendizado cultural adquirido e desenvolvido por uma geração de jovens de classe média intelectualizada e urbana. Renato não tinha à sua frente apenas uma jornalista, tinha também uma interlocutora. Músicos e jornalistas valorizavam e partilhavam certo conhecimento sobre cultura em geral (literatura, cinema, música, vídeos) e sobre o que havia de novidades na produção cultural mundial – é evidente que os grupos sociais que não passaram pela mesma formação cultural, viabilizada por uma sociabilidade específica, não sabem do que Renato Russo está falando. É uma geração que valorizava intensamente a informação, a novidade, o diferente de tudo o que estava estabelecido e era comercialmente disseminado.

Os jornais e as revistas nacionais e importadas tiveram importante papel no cotidiano e na formação desses jovens leitores. Alguns deles, como Pepe Escobar, iriam colaborar para uma reformulação da crítica cultural da *Folha de S. Paulo* a partir da defesa de pautas desvinculadas das demandas da cultura do nacional-popular, influente na imprensa até a década 1970. Ou seja, o olhar se dirigia para fora, para a produção cultural norte-americana e europeia. E para essas novas pautas existia um público leitor interessado, que com o tempo só se desenvolveu e cresceu.

Para verificar isso, basta abrir a "Ilustrada" ou o "Caderno 2" e as revistas direcionadas ao público jovem (*Billboard, Rolling Stone, Capricho* etc.) e contar a quantidade de matérias e reportagens existentes sobre os artistas da música e do cinema americanos e ingleses. Esse amplo espaço de discussão – e de pauta – foi consolidado na década de 1980 por profissionais que construíram suas posições no campo articulando as suas trajetórias pessoais ao que liam, ao que ouviam, às viagens realizadas ao exterior, enfim, às experiências culturais vivenciadas e partilhadas em grandes centros urbanos dentro e fora do país. A exposição e defesa de suas "diferenças" dentro das redações de jornais e revistas, como nos fala Bourdieu (2006), foi imprescindível para que esses críticos iniciantes existissem socialmente e, assim, conquistassem a autoridade necessária para verbalizarem e viabilizarem outras ideias sobre a produção cultural brasileira e estrangeira. Os artistas consagrados da MPB deixaram de ser o foco privilegiado dos cadernos de cultura de São Paulo e Rio de Janeiro; e o rock brasileiro "ganhou" páginas legítimas preenchidas por matérias e reportagens sérias e preocupadas em informar os adolescentes e jovens sobre o que de novo e de diferente estava acontecendo na música popular brasileira. Manchetes como estas ganharam as páginas e capas no início dos anos 1980:

Guitarras contam as novidades do front (Pepe Escobar, Ilustrada, 22 de agosto de 1982)

A última linhagem do rock urbano (Ilustrada, 5 de maio de 1985)

Seu nome é Legião. Lançando o literalmente antológico terceiro LP, os legionários urbanos mais uma vez captam os fantasmas e demônios do Brasil. (Arthur Dapieve, *Jornal do Brasil*, 11 de dezembro de 1987).

A sociabilidade da geração de músicos e jornalistas dos anos 1980, construída pelas ruas de São Paulo, Brasília e Rio de Janeiro à procura de discos, livros, revistas e jornais em bancas contribuiu para dar uma forma específica à produção de rock e de crítica cultural no período, bastante distinta da geração dos anos 1960. O trabalho dos produtores musicais Mayrton Bahia, Pena Schmidt e

ÉRICA RIBEIRO MAGI

Liminha, no processo de definição de uma forma musical para o rock dos anos 1980 merecem ser analisado com mais profundidade e tempo, através do levantamento de mais fontes, entrevistas e de uma interpretação da sonoridade dos discos por eles produzidos, coisa que este livro não teve a possibilidade de realizar. Seguindo essas modestas dicas, a pesquisadora ou o pesquisador pode contribuir para uma interpretação do tipo de música que é o rock brasileiro da década de 1980.

A luta pela profissionalização de roqueiros e críticos transformou o rock – que não era levado a sério ou, melhor, não era visto pelas gravadoras e pela grande imprensa como um mercado a ser explorado – em um trabalho legítimo, deixando o verso "roqueiro brasileiro sempre teve cara de bandido", de Rita Lee, datado e expressão da condição de marginalidade do roqueiro pré-Rock in Rio I e pré-revista *Bizz*, enfim, pré-emergência e consolidação da geração dos anos 1980 na indústria cultural brasileira.

Referências bibliográficas

...eus e atravesse a ru...
Mas as cervejas acabaram
E os cigarros também

Cuidado com a coisa coisando po...
A coisa coisa sempre e também co...
...qüestra o seu resgate, envenena
...erbo e substantivo, adjetivo e par...

...rinha do rádio não quer calar a b...
...o meu dinheiro e as minhas opin...
...ocê quiser se divertir
...uas próprias canções

...ste vida em Marte?
...téis
...as

ABRAMO, Helena Wendel. *Cenas juvenis: punks e darks no espetáculo urbano*. São Paulo: Scritta: Anpocs, 1994.

ADORNO, Theodor. "O fetichismo na música e a regressão da audição". In: *Textos escolhidos*. Coleção Os Pensadores, 2ª ed. São Paulo: Abril Cultural, 1983.

_____& HORKHEIMER, Max. "A indústria cultural e o Iluminismo como mistificação de massas". In: LIMA, Luis Costa (org.). *Teoria da cultura de massa*. Rio de Janeiro: Saga, 1969.

AGUIAR, Joaquim Alves de. *Música popular e indústria cultural*. Dissertação de mestrado apresentada ao Departamento de Teoria Literária do Instituto de Estudos da Linguagem da Unicamp, Campinas, 1989.

ALBUQUERQUE, Carlos & LEÃO, Tom. *Rio Fanzine – 18 anos de cultura alternativa*, 1ª ed. Rio de Janeiro: Record, 2004.

ALEXANDRE, Ricardo. *Dias de luta. O rock e o Brasil dos anos 80*, 1ª ed. São Paulo: DBA, 2002.

ÉRICA RIBEIRO MAGI

AUERBACH, Erich. *Mimesis*. 5ª ed. São Paulo: Perspectiva, 2004.

_____. "La Cour et La Ville". In:_____. *Ensaios de literatura ocidental*. São Paulo: Editora 34/Duas Cidades, 2007, p. 211-278.

ARAÚJO, Paulo César de. *Roberto Carlos em Detalhes*, 1ª ed. Rio de Janeiro: Planeta, 2006.

_____. *Eu Não Sou Cachorro, não*, 5ª ed. São Paulo: Record, 2005.

BERGAMO, Alexandre. *A experiência do status: roupa e moda na trama social*, 1ª ed. São Paulo: Editora Unesp, 2007.

BOURDIEU, Pierre. *A economia das trocas simbólicas*, 5ª ed. São Paulo: Perspectiva, 1999.

_____. *As Regras da Arte: gênese e estrutura do campo literário*. São Paulo: Companhia das Letras, 1996.

_____. *Razões Práticas: sobre a teoria da ação*. Campinas: Papirus, 1996.

BRYAN, Guilherme. *Quem tem um sonho não dança. Cultura jovem brasileira nos anos 80*, 1ª ed. Rio de Janeiro: Record, 2004.

CAMPOS, Augusto de. "Da Jovem Guarda a João Gilberto". In: _____. (org.) *Balanço da bossa e outras bossas*, 5ª ed. São Paulo: Perspectiva, 2008, p. 51-57 (publicado originalmente no jornal *Correio da Manhã* em 30 de junho de 1966).

CASANOVA, Pascale. *A república mundial das letras*. São Paulo: Estação Liberdade, 2002.

CLARK, T. J. *A pintura da vida moderna: Paris na arte de Manet e de seus seguidores*. Tradução: Jose Geraldo Couto, São Paulo: Companhia das Letras, 2004.

DAPIEVE, Arthur. *BRock: o rock brasileiro dos anos 80*, 3ª ed. Rio de Janeiro: Editora 34, 2000a.

_____. *Renato Russo: o trovador solitário*, 7ª ed. Rio de Janeiro: Relume Dumará: Prefeitura, 2000b.

DIAS, Marcia Tosta. *Os donos da voz. Indústria fonográfica brasileira e mundialização da cultura*, 1ª ed. São Paulo: Boitempo: Fapesp, 2000.

_____. "Produção e difusão de música gravada no Brasil contemporâneo: o papel do produtor musical". Artigo apresentado no XXVII Congresso Internacional da Associação Latino Americana de Sociologia ALAS – Buenos Aires, agosto e setembro de 2009. Disponível em www.industriafonografica.com.br, acesso em 21/05/2010.

ELIAS, Norbert. *Mozart: sociologia de um gênio*. Rio de Janeiro: Zahar, 1995.

FENERICK, José Adriano. *Façanhas às próprias custas: a produção musical da Vanguarda Paulista (1979-2000)*, 1ª ed. São Paulo: Annablume: Fapesp, 2007.

_____ e MARQUIONI, Carlos Eduardo. "Sgt. Pepper's Lonely Hearts Club Band: uma colagem de sons e imagens". In: *Revista Eletrônica Fênix*, Uberlândia, vol. 5, p. 2-22, 2008. www.revista-

ÉRICA RIBEIRO MAGI

fenix.pro.br/artigos14.php, acesso 15/11/2008.

FERNANDES, Dmitri Cerboncini. *A Inteligência da Música Popular: a "autenticidade" do samba e do choro*. Tese de doutorado defendida no Departamento de Sociologia – USP, São Paulo, 2010.

FRANÇA, Jamari. *Os Paralamas do Sucesso: vamo batê lata*, 1ª ed. São Paulo: Editora 34, 2003.

FRIEDLANDER, Paul. *Rock and Roll: uma história social*. Tradução de A. Costa, 2ª ed. Rio de Janeiro: Record, 2003.

GONÇALVES, Marcos Augusto (org.). *Pós-Tudo: 50 anos de Cultura na Ilustrada*, 1ª ed. São Paulo: Publifolha, 2008.

GROPPO, Luís Antonio. *O rock e a formação do mercado de consumo cultural juvenil – A participação da música pop-rock na transformação da juventude em mercado consumidor de produtos culturais, destacando o caso do Brasil e os anos 80*. Dissertação apresentada ao Programa de Pós-Graduação em Sociologia do IFCH, Unicamp, 1996.

HASKELL, Francis. *Mecenas e pintores: arte e sociedade na Itália barroca*. São Paulo: Edusp, 1997.

HOLSTON, James. *A cidade modernista: uma crítica de Brasília e sua utopia*. Tradução de Marcelo Coelho. São Paulo: Companhia das Letras, 1993.

HOLANDA, Sérgio Buarque. *Raízes do Brasil*, 3ª ed. São Paulo: Companhia das Letras, 1997.

MARCELO, Carlos. *Renato Russo: o filho da revolução*, 1ª ed. Rio de Janeiro: Agir, 2009.

MARCHETTI, Paulo. *O diário da turma 1976-1986: a história do rock de Brasília*, 1ª ed. São Paulo: Conrad, 2001.

MICELI, Sergio. *Nacional estrangeiro: história social e cultural do modernismo artístico em São Paulo*. São Paulo: Companhia das Letras, 2003.

MIDANI, André. *Música, ídolos e poder: do vinil ao download*, 1ª ed. Rio de Janeiro: Nova Fronteira, 2008.

MORELLI, Rita. *Indústria fonográfica: um estudo antropológico*. Campinas: Editora da Unicamp, Série Teses, 1991.

MILLS, Wright. *A imaginação sociológica*, 5ª ed. Rio de Janeiro: Zahar, 1980.

NAPOLITANO, Marcos. *A síncope das idéias: a questão da tradição na música popular brasileira*, 1ª ed. São Paulo: Fundação Perseu Abramo, 2007.

_____. *Seguindo a canção: engajamento político e indústria cultural na MPB (1959-1969)*, 1ª ed. São Paulo: Annablume: Fapesp, 2001.

_____. *História & música – história cultural da música popular*, 3ª ed. Belo Horizonte: Autêntica, 2005.

ORTIZ, Renato. *Mundialização e cultura*, 1ª ed. São Paulo: Brasiliense, 1994.

_____. *A moderna tradição brasileira*, 2ª ed. São Paulo: Brasiliense, 1989.

PAIANO, Enor. *O berimbau e o som universal. Lutas culturais e indústria fonográfica nos anos 60*. Dissertação apresentada ao Departamento de Comunicações e Artes da ECA/USP, São Paulo, 1994.

PASSIANI, Enio. *Na trilha do Jeca: Monteiro Lobato e a formação do campo literário no Brasil*, 1ª ed. Bauru: Edusc: Anpocs, 2003.

PAIVA, Marcelo Rubens. *Feliz Ano Velho*, 11ª ed. São Paulo: Brasiliense, s/d. (1ª ed. de 1982).

RIBEIRO, Renato Janine. "Não há pior inimigo do conhecimento que a terra firme". In: *Tempo social*, n° 11, maio de 1999, p. 189-195.

RIDENTI, Marcelo. *Em busca do povo brasileiro*, 1ª ed. Rio de Janeiro: Record, 2000.

SANTA FÉ JR, Clóvis. *O rock "politizado" brasileiro dos anos 80*. Dissertação apresentada ao Programa de Pós-Graduação em Sociologia da Unesp, campus de Araraquara, 2001.

SANTOS, Jordana de Souza. *A atuação das tendências políticas no movimento estudantil da Universidade de São Paulo (USP) no contexto da ditadura militar dos anos 70*. Dissertação apresentada ao Programa de Pós-Graduação em Ciências Sociais da Unesp, campus de Marília, 2010.

SHUKER, Roy. *Vocabulário de música pop*. Tradução de Carlos Szlak, 1ª ed. São Paulo: Hedra, 1999.

SKIDMORE, Thomas. *Uma história do Brasil*. Tradução de Raul Fiker, 3ª ed. Rio de Janeiro: Paz e Terra, 2000.

STYCER, Mauricio. *História do Lance! Projeto e prática do jornalismo esportivo*, 1ª ed. São Paulo: Alameda, 2009.

VASCONCELLOS, Gilberto. *Música popular: de olho na fresta*. Rio de Janeiro: Edições do Graal, 1977.

VIANNA, Hermano. *O mundo funk carioca*, 1ª ed. Rio de Janeiro: Zahar, 1988.

_____. *O mistério do samba*, 6ª ed. Rio de Janeiro: Zahar/UFRJ, 2007.

VICENTE, Eduardo. *Música e disco no Brasil: A trajetória da indústria nas décadas de 80 e 90*. Tese apresentada à Escola de Comunicações e Artes – USP, São Paulo, 2001.

ZOLOV, Eric, HERNANDEZ, Deborah Pacini, L'HOESTE, Hector Fernandez (orgs). *Rockin' Las Americanas*. Pittsburgh Press, 2004.

ÉRICA RIBEIRO MAGI

Fontes utilizadas

CD-ROM

Bizz 20 anos. A coleção completa da maior revista de música do Brasil, 1ª ed. 7 Cds, São Paulo: Abril, 2005.

Revistas

Especial Bravo! Para entender a música pop brasileira. São Paulo: Abril, 2010.

Bizz, ed. 212, abril de 2007, São Paulo: Abril.

Bizz, ed. 206, outubro de 2006. São Paulo: Abril.

Bizz, ed. especial: "A história do rock 1980-2005". Vols. 4 e 5. São Paulo: Abril, 2005.

Artigos de jornais, revistas e sites

ABRAMO, Bia. "Renato Russo: Um cara que me ensinou algumas coisas que eu sei". http://musica.uol.com.br/ultnot/2010/03/26/bia-abramo-renato-russo-sabia-muito-bem-como-jogar-com-o-poder-das-palavras.jhtm, publicado e acessado em 26/03/2010.

RIBEIRO, Lúcio. "Cultuado, quarteto Fellini se reúne para único show em SP". *Folha de S. Paulo*, 22 de jul 2009.

RIBEIRO, Helton e FRENETTE, Marco. "Vida longa ao rock". Revista *Bravo!* ed. 63, dezembro de 2002, p. 62-68. São Paulo: Editora D'Avila.

SHOTT, Ricardo. "Força Sempre". Revista *Billboard*, ed. 15, dezembro de 2010/janeiro de 2011. São Paulo: BPP Promoções e Publicações Ltda, p. 48-54.

VOLPATO, Cadão. "A passagem do professor aloprado". *Piauí*, ed. 10, julho de 2007.

Entrevistas concedidas à autora

Mayrton Bahia. Rio de Janeiro, 26 de outubro de 2009.

Arthur Dapieve. Rio de Janeiro, 27 de outubro de 2009.

Alex Antunes. São Paulo, 11 de janeiro de 2010.

Bia Abramo. São Paulo, 13 de janeiro de 2010.

Jornais (1984-1993)

Banco de Dados do Estado de São Paulo.

Filmes e Documentários em DVD

Uma noite em 67. Direção: Renato Terra e Ricardo Calil. Duração: 85 minutos. Brasil, 2010.

Cazuza – O Tempo não Pára. Direção: Walter Carvalho e Sandra Werneck. Distribuição: Globo Filmes. Duração: 90 minutos, Brasil, 2004.

1972. Direção: José Emílio Rondeau. Distribuição: Buena Vista International. Duração: 1h40min, Brasil, 2006.

No Direction Home – Bob Dylan. Dirigido por Martin Scorsese. Distribuição: Paramount. Estados Unidos, 2005.

Herbert de Perto. Direção: Roberto Berliner e Pedro Bronz. Realização: Imagem Filmes. Duração: 94 minutos, Brasil, 2006.

Morrissey – The jewel in the crown. Produzido por Revista Digital ShowTime, Brasil, 2004.

Titãs – A Vida até parece uma Festa. Direção: Branco Mello e Oscar Rodrigues Alves. Realização: Academia de Filmes e Casa 5. Duração: 95 minutos, Brasil, 2008.

Especiais de Televisão lançados em DVD

Legião Urbana e Paralamas Juntos. Dirigido por Jodele Larcher. Realização: Central Globo de Produção, 2009. (Especial exibido originalmente em 03 de setembro de 1988 na TV Globo).

Acústico MTV – Legião Urbana. Dirigido por Adriano Goldman. Realização: MTV – Brasil, 2001. (Especial exibido originalmente em 28 de janeiro de 1992 na MTV).

Acústico MTV – Capital Inicial. Dirigido por João Augusto e Adriano Carelli. Realização MTV – Brasil e BMG, 2000.

MTV Ao Vivo – Barão Vermelho. Dirigido por Alexandre Wesley. Realização: MTV – Brasil, 2005.

Bee Gees. Live by Request. Produzido por Coqueiro Verde, Brasil, s/d.

Discografia

Legião Urbana

- *Legião Urbana*. EMI-Odeon, 1985.

- *Dois*. EMI-Odeon, 1986.

- *Que País é Este 1978/1987*. EMI-Odeon, 1987.

- *As Quatro Estações*. EMI-Odeon, 1989.

- *V*. EMI-Odeon, 1991.

- *Acústico MTV*. EMI/MTV-Brasil, 1999.

Capital Inicial

- *Capital Inicial*. Polygram, 1986.

- *Acústico MTV*. Abril Music, 2000.

- *Capital Inicial – Aborto Elétrico*. Sony & BMG/MTV Brasil, 2005.

Plebe Rude

- *O Concreto já Rachou*. EMI-Odeon, 1986.

- *Nunca fomos tão brasileiros*. EMI-Odeon, 1987.

Ultraje a Rigor

- *Nós vamos invadir sua praia*. Warner Music, 1985.

Titãs

- *Titãs*. Warner Music, 1984.

- *Cabeça Dinossauro*. Warner Music, 1986.

Blitz

- *As Aventuras da Blitz*. EMI-Odeon, 1982.

Os Paralamas do Sucesso

- *Cinema Mudo*. EMI-Odeon, 1983.

- *O Passo do Lui*. EMI-Odeon, 1984.

- *Selvagem?* EMI-Odeon, 1986.

RPM

- *Revoluções por minuto*. CBS, 1985.

- *Rádio pirata ao vivo*. CBS, 1986

Akira S & As Garotas que Erraram

- *Akira S & As Garotas que Erraram*. Baratos Afins, 1986.

As Mercenárias

- *Cadê as Armas*. Baratos Afins, 1986.

Smack

- *Smack – Ao vivo no Mosh*. Baratos Afins, 1985.

Roberto Carlos

- É Proibido Fumar, CBS, 1964

- *Jovem Guarda*, CBS, 1965.

Secos & Molhados

- *Secos & Molhados*. Série Dois Momentos. Dois álbuns (1973-74) em um CD, remixados das fitas originais por Charles Gavin, dos Titãs. Eastwest, s/d.

Os Mutantes

- *Os Mutantes*. Série Millennium – 20 músicas do século XX. Polygram, s/d.

The Beatles

- *Sgt. Pepper's Lonely Hearts Club Band*, EMI, 1967.

- *The White Album*, EMI, 1968

The Rolling Stones

- *Exile on the Main Street*, EMI, 1972.

Emerson, Lake & Palmer

- Tarkus, Atlantic Records, 1971.

YES

- Close to the Edge, Atlantic Records, 1972.

The Velvet Underground

- *Velvet Underground & Nico,* Verve, 1967

The Clash

- *London Calling,* 1979.

The Smiths

- *The Queen is Dead,* 1986.

Sex Pistols

- *Never Mind the Bollocks – Here's the Sex Pistols,* 1977.

Public Image Ltd

- *First Isuue,* Virgin Records, 1978.

U2

- *War,* Island Records, 1983.

Ramones

- *Ramones – Greatest Hits.* Rhino – Brasil, s/d.

Joy Division

- *The Best of Joy Division.* Warner Music – Brasil, s/d.

Disco Coletivo

- *Tropicália ou Panis et Circensis,* Philips, 1968. (Caetano Veloso, Gilberto Gil, Nara Leão, Gal Costa, Rogério Duprat e Os Mutantes)

Sites Consultados

www.rollingstone.com.br

www.revistapiaui.com.br

www.billboard.com.br

http://geracaosupernova.blogspot.com/

www.causapropria.com.br (blog de Ricardo Alexandre)

www. blogsR7.com/andre-forastieri (blog de André Forastieri)

www.pedroalexandresanches.blogspot.com (blog de Pedro Alexandre Sanches)

http://nagulha.com.br/sobreaspernas (blog de Alex Antunes)

http://www.girafamania.com.br/montagem/fotografia-brasil-
-anos60.htm

http://www.ejazz.com.br/detalhes-artistas.asp?cd=177

www.industriafonografica.com.br

www.abpd.org.br

www.digestivocultural.com.br

http://acervo.folha.com.br

www.pleberude.com.br

www.legiaourbana.com.br

www.capitalinicial.com.br

www.paralamas.com.br

www.renatorusso.com.br

www.arquivodorock.com.br

http://historiaoraldofellini.blogspot.com

www.dominiopublico.gov.br

www.youtube.com

www.screamyell.com.br

www.uol.com.br/fsp

www.abrafin.org

www.foradoeixo.org.br

Redes Sociais

www.orkut.com

http://www.facebook.com/erica.magi.9

Esta obra foi impressa em São Paulo no outono de 2013 pela gráfica Vida e Consciência. No texto foi utilizada a fonte Volkorn em corpo 10,5 e entrelinha de 15,75 pontos.